ソーシャルワーカーのための社会調査の基礎

入門から社会福祉士国家試験対策まで

米川和雄 著

北大路書房

はじめに

　2009年度からの社会福祉士国家試験科目に「社会調査の基礎」が定められました。これまでも社会調査技術は，社会福祉援助技術における関連援助技術として示されてきましたが，社会調査の基礎では明らかに基礎といっても，これまで以上に専門的知識が求められるものとなっています。

　しかし，実際の大学等の授業においては，これまで調査に携わったことのない学生を対象にわずかな時間で幅広い知識を習得しなくてはならないため，すべての事項について十分に学生が理解した状態で完結するものではありません。場合によっては，学生の理解度に合わせて統計分析などは簡単に説明される程度で終わることもあります。そういう意味では，必ずしも授業を受けていれば国家試験にて点がとれるということではありません。

　そういうことから，"社会調査の基礎"については国家試験学習時に初めて出会うと思われる単語や考え方がかなりあるのです。だからこそ，社会調査の基礎を初めから捨てている受験者も多いのです。国家試験学習時に多くの学生はこれまでの過去問題集を解いて問題慣れをしようとするのですが，問題集回答欄には簡単な説明書きがあるものの，なぜか英文を読んでいるかのごとく難解であるため，理解して覚えるというよりは，何とか暗記するというレベルで留まることが少なくありません。またテキストで調べてみてもわかりやすく解説されたものがほとんどなく，わからずじまいで終わっていることも少なくないのです。

　なぜなら専門家による難解なテキスト，また「社会調査の基礎」として市販される国家試験への対応を考慮していないテキストが多いからなのです。そのため，国家試験で出た質問に対応する内容がテキストに記載されていないことも多いのです。とは言え，こう言及する筆者も専門家ではないかと言われるかもしれませんが，筆者はもともと社会福祉現場にいるにもかかわらず，いっさい個別面接以外の社会調査などを行なった経験がなく，いざ必要となったとき

に統計分析を中心として社会調査の理解に大いに苦しんだ経験を持ちます。

　このように実際の現場で一時でも活用していなかったとすると社会福祉現場では社会調査は必要ないのでは？　と思われるかもしれませんが，より高度な援助技術やサービスの提供を行なうためには，必ず必要となるものなのです。しかし，まだまだ現場でそれを活用できる人が少ないからこそ活用する機会も多くないと言えるのかもしれません。できる人がいなければすることはないのですから。私自身も社会調査を理解していくうちに，その必要性を実感していったというのが本音です。だからこそ今回初心者でもどのようにしたら社会調査が理解できるかを初心者の立場に基づき執筆に至ったのです。そして国家試験にできるだけ配慮した内容をまとめました。例えば，資料にある練習問題は実際の国家試験合格者の学生が社会調査を学ぶにあたって初期にまったく理解できなかった点を集めて作成したものです。

　そのため，本書は従来よくある社会調査について言及する「言葉を羅列していくような難解なテキスト方式」の記述をとっていません。初心者の方にもできるだけわかりやすい記述方法をとっています。とはいえ，もちろん本書がこれからの国家試験の問題をすべてカバーするものではありません。しかし，これまでのテキストと異なり社会調査というものがより身近になることでしょう。

傾向と対策

　「社会調査の基礎」の国家試験では，5つの選択肢から回答を1つ，時に2つ選択する方式で全7問です（2015年度時点）。おおよそ6割以上の得点確保で合格ラインです。つまり4問以上の正解が必要と考えられます。一般的な学生は，他の科目で得点を稼ぎ，社会調査の基礎では1～2点とればよいと思うため，ここで点数をとれれば周囲以上に合格へ近づくと言えるでしょう。国家試験の傾向は，単に社会調査知識を聞くだけでなく，事例の中でどのような倫理や活用方法があるかを踏まえ，応用的な知識を聞く問題となっていますが，基本的な社会調査を知っていれば回答できるものばかりなのです。

　そして，ここでの注意点は**2**つです。1つは，**統計分析方法についての理解**です。もう1つは，**問題の成否は何を聞いているかで異なるということの理解**

です。例えば，正しいものを1つ選ぶのか，誤っているものを1つ選ぶのかで回答は真逆になります。また社会調査方式のルールまたは倫理を聞いている場合は，何がルールか，何が倫理（的なスタンダード）かを理解していなければ，回答ができません。

これらの点を具体的な質問として以下に示します。

問1）詳細に1名の被験者（調査対象者）の状況をより理解できる調査方法は以下のどれか。

問2）詳細に500名の被験者（調査対象者）の状況をより理解できる推測統計分析の方法を使える倫理を踏まえた調査方法は以下のどれか。

選択1）自由面接法である。
選択2）リッカート形式の質問紙調査である。
選択3）比例尺度を用いた質問紙を用いる留め置き調査である。
選択4）被験者に同意を得て数年掛けて何度も繰り返し行なう縦断調査である。
選択5）被験者がどのような調査も可能とのことなので，このとき調査の重要点のみ説明し，様々な調査を行なった。

いかがでしょうか。

問1・2ともに被験者の理解をしなくてはいけないのですが，①対象（1名か500名か），②調査実施方法（対面での調査か〔選択肢1〕，預けて書いてもらう調査か〔選択肢3〕），③分析・解釈方法（結果を調査者が主観的に解釈するのか〔問1〕，客観的に統計分析で解釈するのか〔問2〕），④調査の意図（短期的な状況を理解したいのか〔選択肢5〕，経年変化も含めて理解したいのか〔選択肢4〕）によって同じ被験者の理解でも調査方法が異なる，つまり回答が異なるのです。そしてこれらの調査は，しっかりとした倫理基盤を踏まえていることが前提であるため，基本的な倫理事項の遵守（正確な研究における説明責任や被験者のプライバシー等の保護がなされているか〔選択肢5はされていないほう〕）とは何かの理解が求められるのです。

このように並べると難しく感じられるかもしれませんが，社会調査の複雑な捉え方を1つ1つの側面で体系的に理解することで，大いに社会調査が自分のものになっていきますので，諦めずに本書を通じて学んでいただきたいと思います。とりわけ，初心者の方がどの点は絶対に理解しなくてはならないかを示すために，題目や単語に★印を付けました。★が2つ付くものは，必ず憶えるようにしましょう。また，下線が引いてある部分も併せて憶えるようにしてください。

平成25年3月1日
米川和雄

もくじ

はじめに

第1章 社会調査とは何か 1
1. 社会調査の対象 1
2. 社会調査の目的 2
3. 社会調査の意義 4
4. 社会福祉領域における社会調査：社会福祉調査 4
   （1）社会福祉領域における調査の対象 4
   （2）社会福祉領域における調査の目的 5

第2章 社会福祉領域に関わる調査の歴史 7
1. 社会調査のはじまり 7
2. 人口センサス（全数調査） 8
3. 生活改善に関わる社会調査 9
4. 社会福祉の歴史からみる社会調査の必要性 10

第3章 社会調査に関わる法律と倫理 15
1. 統計法の概要 15
2. 個人情報の保護に関する法律（個人情報保護法）の概要 18
3. 社会調査に関する倫理 20
   （1）社会調査協会の倫理 20
   （2）その他の倫理規定 22
   （3）社会調査を行なう上での様々な倫理事項 24

第4章 社会調査の方法Ⅰ 27
1. 調査テーマ設定 28
2. 先行調査・先行研究確認 29
   （1）先行調査および先行研究を確認する意義 29
   （2）先行調査および先行研究の確認方法 29
3. 調査票作成 30

（1）依頼文　30
　　（2）尺度の質　31
　　（3）質問の種類　32
　　（4）質問紙作成のための統計分析　34
　4．調査の実施と回収　38
　　（1）質的調査と量的調査　38
　　（2）調査実施方法　39

第5章　社会調査の方法Ⅱ　―質的分析方法―　47

　1．質的分析　47
　　（1）事例研究　48
　　（2）KJ法　48
　　（3）ドキュメント分析　49
　　（4）会話分析　50
　　（5）ライフヒストリー分析　50
　　（6）ナラティブ分析　50
　　（7）グラウンデッド・セオリー・アプローチ（データに基づいた理論のアプローチ）　51

第6章　社会調査の方法Ⅲ　―統計分析方法―　57

　1．調査票の集計　57
　　（1）エディティング　58
　　（2）コーディングからデータ入力　58
　　（3）データクリーニング　59
　2．統計分析　59
　　（1）統計的分析方法：有意確率における帰無仮説と対立仮説　60
　　（2）記述統計（Descriptive Statistics）　63
　　（3）推測統計（Inferential Statistics）：区間推定　67
　　（4）推測統計：仮説検定　67

第7章　結果から報告　87

　1．結果と考察　87
　2．図表の用い方　88

〈資料〉　93

引用・参考文献　105
索引　107

第1章
社会調査とは何か

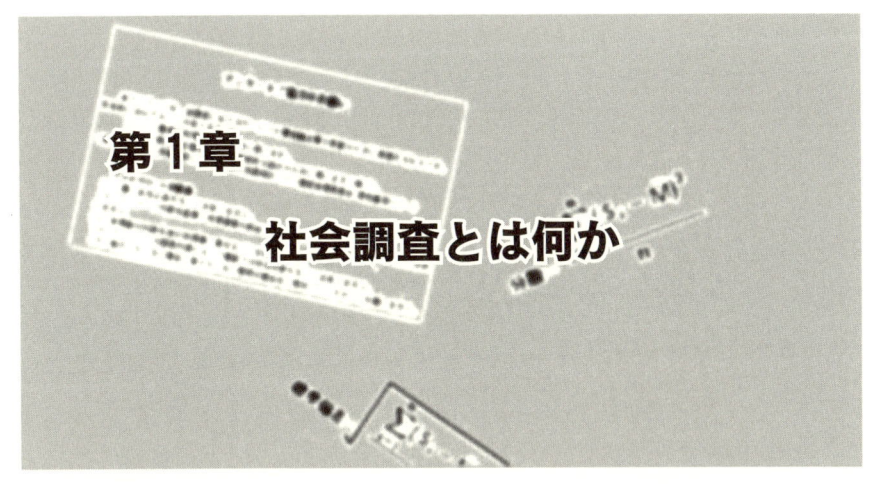

1. 社会調査の対象

　社会調査とは「社会事象」を対象とし，「対象の存在する場（現地）」でデータを直接収集し，そのデータを「分析・処理，記述」するものです。よりわかりやすく言えば，この社会におけるありとあらゆる事柄（我々の生活に関係している事柄）すべてが社会調査の対象（社会事象）であり，その対象を理解するためのデータ収集を行ない，そのデータをデータの質に合わせて分析・処理し，報告書等に明示していくものが社会調査なのです。

　データとは，広辞苑では「立論・計算の基礎となる，既知のあるいは認容された事実・数値，資料，与件」とされています。よりわかりやすく言えば，分析・処理できる"言葉"や"数値"の1つ1つをデータとも言えますが，この言葉や数値の集まりもデータと言えます。この言葉や数値とは，例えば「社会調査は難しい」という言葉を1つのデータとしたとき，男性と女性の1分間の社会調査についての自由な会話の中で，この言葉が何回出てくるかを示した数値（回数）がデータの集まりと言えます。世界の人口数，大西洋の海水の温度，日本で売れているチョコの銘柄と種類，東京の標準語と大阪の関西弁の人気度合，政治に対する人々の意見，社会に対する大学生の意見等もデータとなり得

るのです。

　このように捉えれば，この社会におけるありとあらゆる事柄が社会調査の対象となり，データとなり得ると言えるのです。ですので社会調査の対象は何でもあり！　と思われるかもしれません。しかし，試験等では「社会事象」またはそれを類推させる言葉が回答として当てはまりますので，この点は押さえておく必要があります。以下の目的や意義もさほど試験では出ませんが，社会調査理解のためには重要な事項です。

0123456789012345678901234567890123456789012345678901234567890123456789012345678901234567890123456789

2．社会調査の目的

　社会調査の意義を理解するためには，まずその目的を理解するとわかりやすいので，ここでは大きく３つに分類した目的を紹介します。

【社会調査の３つの目的】

（目的１－１）目の前にある社会事象の理解（比較的これまでにない研究）
　〈例１〉人類に対するこれまでにない自然の猛威が振るわれる理由は？
　〈例２〉新しい与党に国民が期待できない理由は何か？　etc…
※多くが先に類似の研究がないというわけではないですが，これまでとまったく同じである研究がないと捉えるといいでしょう。

（目的１－２）社会事象の１つとしての"人（自分または他者）"の理解（その時代を反映した人の研究）
　〈例１〉近年の犯罪者の性格や行動の傾向とは？
　〈例２〉ストレスを抱える人の精神的な状態とは？
　〈例３〉なぜバレンタインデーに逆チョコが出てきたのか？　etc…

（目的２）ある社会事象における先行知見（研究）の検討（これまで研究されてきた事柄をさらに明確に（把握）する研究）
　〈例１〉これまでの研究では，一方的な授業よりも体験的な授業のほうが学生の

> 参加度は高く寝てしまうことがないといってきたが社会人の多いA大学ではどうなのか？ これまでの結果が当てはまるのか？
> 〈例2〉がん細胞に対する抑制剤Aをもとにさらなる抑制剤Bを開発するために継続的な検証を1〜11回行なっているが，これらの結果と同様に次回の12回目の検証も同様の安定性を示せるか？

　上記の目的の1-1および1-2は，これまでの調査結果，つまり研究結果（研究知見）をもとにした調査研究ならば"検証的な調査"，そうでなければ"探索的な調査"とされ，目的2は，これまでの調査結果をもとに調査研究されるものであるため"検証的な調査"とされます。とくに目的2は，これまでの調査結果（先行知見）をもとにまだ解明されていないような事柄を明らかにしようとする調査でもあります（例1）。このとき，探索的な調査では調査結果がどうなるかはわからず，検証的な調査ではおおよそこれまでの調査結果から，これから行なう調査の結果を予測するという違いがあります。もちろん調査結果の予測を立てていても，予測と結果が違うことに意味がある場合も多くあります。例えば，これまでがん細胞の抑制に1つの薬しか効かないと思っていたら，2つ以上の薬の効果があったという場合，肯定的な意味で予測に反すると言えるでしょう。

　このとき，予測を立てるのに大きく2つの考え方があります。演繹的な予測と帰納的な予測です。この"**演繹的**"という言葉と"**帰納的**"という言葉は，調査の考えを解釈するにあたり重要事項なので憶えておきましょう。

> 〔演繹的な予測〕
> 　前提となる一般的・抽象的な事柄を踏まえ，結果を予測する。その結果に合わない場合にその理論仮説を導く
> 〈予測例〉全国的に税金を支払いたくない人は経済的に厳しい事情がある。調査対象となる地域Aにおいても税金を支払いたくない人がいる。これら地域Aの人も経済的に厳しいという結果が出るだろう。そうでなければもう1つの仮説が考えられる。

（帰納的な予測）
個々の観察された事例から普遍的な法則を導き出す（個々の傾向から全体の予測を行なう，つまり個々のデータから理論仮説を導く）
〈予測例〉年収200万円以下の8名の人は税金を支払いたくないと言っているため，経済的に厳しい人は税金を支払いたくない可能性があるだろう。

3．社会調査の意義

　以上のような社会調査を行なう意義とは何でしょうか？　まだまだ我々がこの宇宙で生存していくためには解明できていない事柄，つまり社会事象が多くあります。それらの様々な事象を紐解いていくことで，我々の生活，社会・文化が繁栄するための一助となり得ることは社会調査の大きな意義と言えるでしょう。これは結果を予測する社会調査も同様です。これまでの調査結果と同じ結果が出るならば，これまでの調査が間違っていないことが示され，異なる結果が出るならば，これまでの調査では示されていない意味がまだまだあるという新たな発想を検討すべく，示唆を与えていると解釈できるでしょう。いずれにしろ社会調査は，人類がまたは生物がよりよく過ごすため，または繁栄していくために重要な示唆を与える意義があると言えるでしょう。

4．社会福祉領域における社会調査：社会福祉調査

　前述までは社会調査について述べてきましたが，社会福祉に関わる領域の社会調査，すなわち社会福祉調査に焦点を当てた事項を紹介します。

（1）社会福祉領域における調査の対象

　まず対象ですが，社会福祉事象を対象とします。具体的には社会福祉に関す

る事柄や人々について調査することになります。一般に社会福祉は，①法制度，②それを具体化させたサービス内容，③サービスを提供するための援助技術という3つに大きく分けられます。これら1つ1つに関する事柄や関わる人々，とりわけ後者に関係する社会福祉に関わる関係者（高齢者・障害者・児童・サービス提供者〔援助者〕・都道府県民・市区町村民等）が主となる調査対象となります。

　これら3つを具体的に例えるならば，「①法制度」に関しては，我が国の高齢化率はどの程度なのか，生活保護受給者はどの程度なのか，また障害者の自立支援に関する社会福祉法制度に対するパブリックコメントにはどのような傾向があるかなどの調査（範囲が広いためマクロレベルの調査）などがあり，「②サービス内容」に関しては，障害者のニーズとして在宅支援のサービスにどのようなものが必要かなどの調査（範囲が中程度のためメゾレベルの調査）などがあり，「③サービスを提供するための援助技術」に関しては，施設としてまたは社会福祉士としてのサービス内容・援助の在り方の質はどの程度かなどの調査（範囲が狭くなることもありミクロレベル以上の調査）などがあります。このとき，関係者となる高齢者を対象とするのか，障害者を対象とするのか，社会福祉士等の援助者を対象とするのか，一般市民を対象とするのかは，調査の目的によって異なります。

（2）社会福祉領域における調査の目的

　社会福祉調査の目的は，先に示した通り，社会福祉は国の法制度に深く関わっているため，社会福祉領域において，客観的視座となる科学的観点を捉えまたは活用し社会情勢を理解すること，さらに社会福祉の向上を目指し，問題を改善・解決していくことがあげられます。例えば，少子高齢社会と言われる中で，その程度がどのくらいかを明示するだけでなく，その対策をいかにしていくかという志向です。また在宅生活で困っている人に対してどのようなサービスが行なえるか個々に聞き取りをし，よりよいサービスに繋げていく志向です。このような考えは，もともと社会福祉調査が社会福祉援助技術（間接援助

表1-1 社会福祉援助技術の概要（米川, 2009をもとに作成）

個別援助技術	1対1の個別的な援助を中心とした技術。カウンセリング，ティーチングなども含まれる。
集団援助技術	集団に対する援助を中心とした技術。
連携援助技術	様々な機関との連携によりクライアントを支援していくためのネットワークをつくる技術。そのネットワークを機能させるための技術。
間接援助技術	直接クライアントと関わるのではなく，間接的に支援する以下のような技術。連携援助技術も一部含まれる。 ①所属する組織運営のよりよい在り方を検討する会議の運営（進行含む）技術。 ②社会調査技能（統計技能含む）を用いてクライアントやその家族，クライアント集団，または地域等を客観的に捉える技術。施設・サービスの評価，調整等様々。

表1-2 ソーシャルワークのグローバル定義

定義
　ソーシャルワークは，社会変革と社会開発，社会的結束，および人々のエンパワメントと解放を促進する，実践に基づいた専門職であり学問である。社会正義，人権，集団的責任，および多様性尊重の諸原理は，ソーシャルワークの中核をなす。ソーシャルワークの理論，社会科学，人文学および地域・民族固有の知を基盤として，ソーシャルワークは，生活課題に取り組みウェルビーイングを高めるよう，人々やさまざまな構造に働きかける。

※強調および下線は筆者による

技術）の1つであり（表1-1参照），社会福祉援助技術は，ソーシャルワークの定義（表1-2参照）にあるように人間の幸福（ウェルビーイング）を目指していること，社会の変革や人間関係における問題解決を図ること，人間の行動と社会システムに関する理論を用いることをその根本的な考えとしていることからも理解できます。とくに社会福祉調査で示された様々な調査結果（研究知見）が"人間の行動と社会システムに関する理論"の礎にもなり得ることから，社会福祉調査の重要性がうかがえることでしょう。

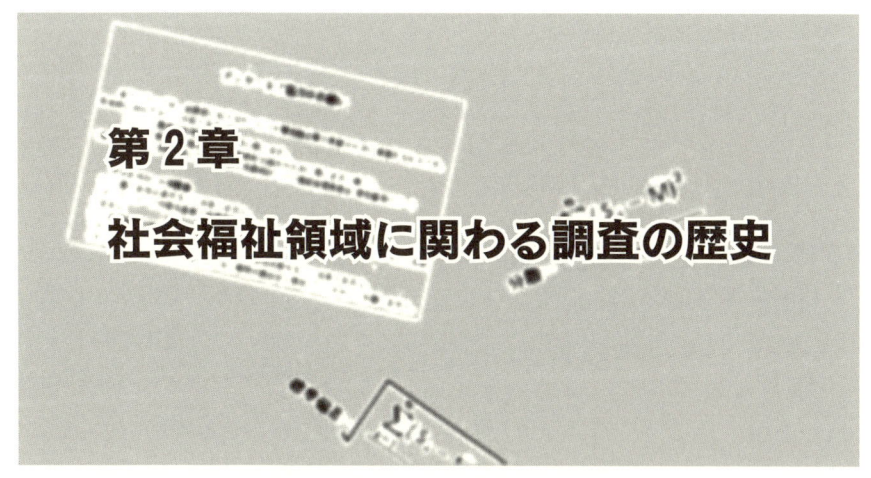

第2章
社会福祉領域に関わる調査の歴史

　社会調査の歴史にも関連し，社会福祉領域における調査はこれまでの社会調査の意義を大いに示してきたものが多くあります。重要事項を以下に紹介します。

1．社会調査のはじまり

　紀元前3000年頃，バビロニアにおいては財政目的で行なわれていた土地調査があります。また，エジプトにおいても，紀元前3050年頃，ピラミッド建設のために人口調査が行なわれたようです。中国においても，紀元前3000年頃，人口調査や土地調査のほかに，農工・商業に関する調査も行なわれたという記録が残されています。韓国では，紀元前後の三韓時代に，人口調査が行なわれています。日本でも，日本書紀に，調役の賦課のため，崇神天皇（10代天皇）によって人口調査が行なわれたと記されています（山村，2010）。
　このように，古くから，人口に限らず，土地や財産など資源量の把握の調査が権力者により行なわれてきました。これらは，徴税，徴兵，使役などの特定の目的のための情報収集として行なわれてきたため，すべての人口を調査する必要はなく，例えば，世帯主，納税者，徴兵年齢の男子など，何らかの目的を

達成するために必要な指標として特定の人だけを対象とした調査だったのです。

2．人口センサス（全数調査）★

　国勢調査は，日本における"全数調査"のことで，英語の Population Census（人口センサス，または一般にセンサスとも言う）の訳語として用いられます。つまり，センサスとは，一般に，調査対象者をすべて調べる全数調査のことです（表2-1参照）。この Census の語源は，古代ローマにおいて，市民の登録（人口調査），財産や所得の評価，税金の査定などを担当する職員を Censor，この職名をラテン語で Censere といい，これが転じて Census というようになったと言われています。

表2-1　近代の人口センサスの基本的な要件
（総務省，2010に一部追記）

(1) 個人や世帯を特定したり管理したりするものではないこと
(2) 調査対象者のすべてを数え上げること
(3) 特定の時点における調べであること

※この他，「センサス人口」とは，全数調査による人口データのこと。日本の場合，我が国に住んでいるすべての人を対象とする国勢調査の公表"データ"がこれに当たる。

　ところで，法的に全数調査を初めて行なったのはアメリカ（1790年）で，10年ごとに継続しています（表2-2参照）。日本の第1回全数調査（日本では国勢調査のこと）は，アメリカ合衆国で行なわれた第1回目から130年後の1920（大正9）年に行なわれました。また1749年と世界で最も早く全数調査に基づく（全数調査に類似）人口統計を実施した国がスウェーデンです。ここでの調査は，全国にある"国の教会"の力を借りて行ないました。そのためデータを収集したのは教区の牧師さんたちだったのです。

　また全数調査におけるデータ収集には，人口静態と人口動態があり，それぞれのデータをまとめて示した数値を人口静態統計，人口動態統計と言います（表2-3参照）。なお国勢調査は人口静態統計です。

表2-2 各国における人口センサスの実施年度 (総務省, 2010)

1790年	アメリカ合衆国	1859年	ルーマニア
1801年	イギリス, フランス, デンマーク, ポルトガル	1861年	イタリア, ギリシャ
1815年	ノルウェー	1869年	ハンガリー
1818年	オーストリア	1871年	ドイツ
1829年	オランダ	1877年	フィリピン
1837年	スイス	1881年	インド, ミャンマー, オーストラリア
1846年	ベルギー	1883年	エジプト
1851年	ニュージーランド	1893年	ブルガリア
1857年	スペイン	1897年	ロシア

表2-3 人口静態と人口動態の違い (東京都, 2011をもとに作成)

人口静態	人口動態
何年何月何日何時何分（現在）といったある瞬間的な人口の状態。例えば，性別・年齢別の人口，職業別の人口など。一時点で動きがない状態を意味します。	1月1日から12月31日までなど，2つの時点間における人口変動の状態。例えば，その年度の出生，死亡，転入，転出の人口数など。動きがある状態を意味します。

3. 生活改善に関わる社会調査

　前述したように社会福祉調査は，単に調査した結果を記述するだけで終わりというものでなく，人々の生活改善などの問題解決を検討するためにも行なわれてきました。このことを社会踏査（しゃかいとうさ）とも言います。表2-4は社会福祉領域における重要な調査です。国試対策では調査実施者と調査名は最低限憶えましょう。表2-4で示された社会福祉領域に関わる調査を通じて，人の最低限度の生活を営むための基準等が考えられていったと言えます。例えば，我が国の憲法にある「生存権の保障」から示された社会保障の1つである生活保護制度における「最低限度の生活水準」なども，社会福祉領域に関わる調査を通じて定められた基準であると言えます。つまり，貧困調査から，貧困は単に個人だけの責任から生じるものでなく，社会（国）の責任から生じるものでもあるとわかったのです。だからこそ，健康で文化的な最低限度の生活水準を維持できるよう国が国民に保障する必要性が理解されたのです。

表2-4　生活改善に関わる社会調査★★（中央法規出版編集部, 2012をもとに作成）

西暦	調査実施者・関係者	調査名	調査内容
1777年	ジョン・ハワード (Howard, J.)	英国ウェールズの監獄調査	直接観察を通じた監獄での非人道的な実態の解明による監獄の改善。
1855年	ル・プレー (Le Play, P. G. F.)	ヨーロッパの労働調査	鉱山労働者の家計と生活の調査を通じた貧困の実態の解明による生活改善。
1886年〜 1902年	チャールズ・ブース (Booth, C.)	ロンドン市の貧困調査 ※「ロンドン市民の生活と労働」の記録発表は1891年以降	3回にわたる貧困調査にて、貧困線の概念を用いて貧困水準を解析した結果、ロンドンの人口の3分の1が貧困状態にあり、貧困の原因が個人よりも低賃金や失業などの社会的要因にあるとした。
1899年	ベンジャミン・シーボーム・ラウントリー (Rowntree, B. S.)	ヨーク市の貧困調査 ※貧困研究発表は1901年	ブースによるロンドンの貧困調査に引き続き、ラウントリーが自分の住むヨーク市において行なった貧困調査では、さらに科学的な貧困線が定められた。どんなに節約しても貧困となり得る第1次貧困線（下回る層が貧困層）、嗜好品を買うと貧困に陥る第2次貧困線の2つがある。

　また近年では、貧困世帯が貧困世帯を生む可能性が示唆されたり、低学歴者や無職者の犯罪傾向が示唆されており、社会福祉領域に関わる調査によって様々な支援施策へと至っています。

4．社会福祉の歴史からみる社会調査の必要性

　社会福祉に関わる援助の初期は、表2-5にみられるようなエリザベス救貧法など支援というよりは罰としてのイメージが大きかったのですが、先にあげた貧困調査などを通じて、単に個人の努力だけでは解決できない社会的な問題が多くあることを提示することに至ったことから、罰から支援に移っていったと言えるでしょう。
　このような国や地域等の大規模な調査から人々の支援の方向性を定める在り方は、ソーシャルワーカーの基本的に保有する専門性を定めることにも用いられていきました。これは宗教的慈善活動から専門性が求められていった1900年代前半のことです。とくに慈善組織協会（COS: Charity Organization Society）

第2章　社会福祉領域に関わる調査の歴史

表2-5　イギリスを中心とした社会福祉の歴史（矢野, 2010および中央法規出版編集部, 2012をもとに作成）

1601年	エリザベス救貧法：世界最初の国家的救貧制度であり、強制的な救貧税・貧民の就労により惰民や乞食の抑止となった。
1722年	ワークハウス・テスト法：ワークハウス（労役場）における強制的な労役入所。ナッチブル法とも言う。
1782年	ギルバート法：ワークハウスを有能力貧民でなく、高齢者、病人、孤児、母子などの無能力貧民を保護する救貧院とする。
1795年	スピーナムランド制度：救貧院外の救済である賃金補助制度。
1819年	教会を中心とした隣友（隣人の人々を友とみる）を自分のように大切にするという隣友運動が開始。訪問者は友人として貧困者の立場に立つ姿勢。このような慈善活動が19世紀後半から盛んになる。
1834年	新救貧法：院内救済の原則（院外救済なし）、院内救済は院外の最低限の自立生活レベルより低い救済レベル、財政基盤の弱い教区を連合させ、中央の効率化と権限強化。
1844年	YMCA（キリスト教男子青年会）により青少年団体の運動が生まれる。現在の集団援助活動の原点となる。1855年にはYWCA女子青年会が生まれる。
1852年	エルバーフェルト制度：ドイツのエルバーフェルト市におけるボランティアが担当区（1区3世帯以下）を受け持ち、ケースワーク的手法により救済・指導に当たる市民活動。わが国の民生委員の原型。
1869年	慈善組織協会（COS）がそれぞれの慈善活動を相互に関連づけて組織的に統合させる目的でロンドンに設立。地域福祉援助技術に関わり社会福祉調査の原点とも言える活動が行なわれた。★★ 1877年にはCOSがアメリカに移入。
1884年	セツルメント運動：専門家がスラム街に居住し、貧困者たちに技能を教える。★★ セツルメント運動の拠点となるトインビーホール（セツルメントの父で運動の発起人の1人であるアーノルド・トインビー（Toynbee, A.）の名称が用いられた）が設立された。1889年にアメリカに広まり、ジェーン・アダムズ（Addams, J.）によりハルハウスを設立。

　の活動に尽力したリッチモンド（Mary E. Richmond；女性）によるケースワークの在り方を問う著書『社会診断』（1917年）、『ソーシャルケースワークとは何か』（1922年）が社会福祉援助に大きい影響を与えました。リッチモンドはCOS活動（表2-5参照）から単なる友愛訪問では貧困解決にならないとし、それまでの個人的・道徳的・経験主義的であった視点から、心理学・医学・社会学・法律学・歴史学の科学的視点をCOSに取り入れ、専門的水準を高めようとしました。このことから、「ケースワークの母」と呼ばれました。★★

　このように様々な視点を持ち合わせた社会福祉援助でしたが、この時代のソーシャルワークは、心理学的な援助と同様に個人の人格の成長に傾倒していくことになりました。このような社会福祉援助者を診断派とし、それに反対する機能派が1930年代に現れました。機能派は、援助者がクライアントに対して診断的な関わり（上下関係や問題を決めつける在り方）をするのではなく、クライアントが自分たちで相談機関の機能を活用し自立できるようにする関わりが必要と主張する人たちでした。その後、双方の視点が重要であるとし、診断派と機能派が合わさった形や社会システムの観点を持つという

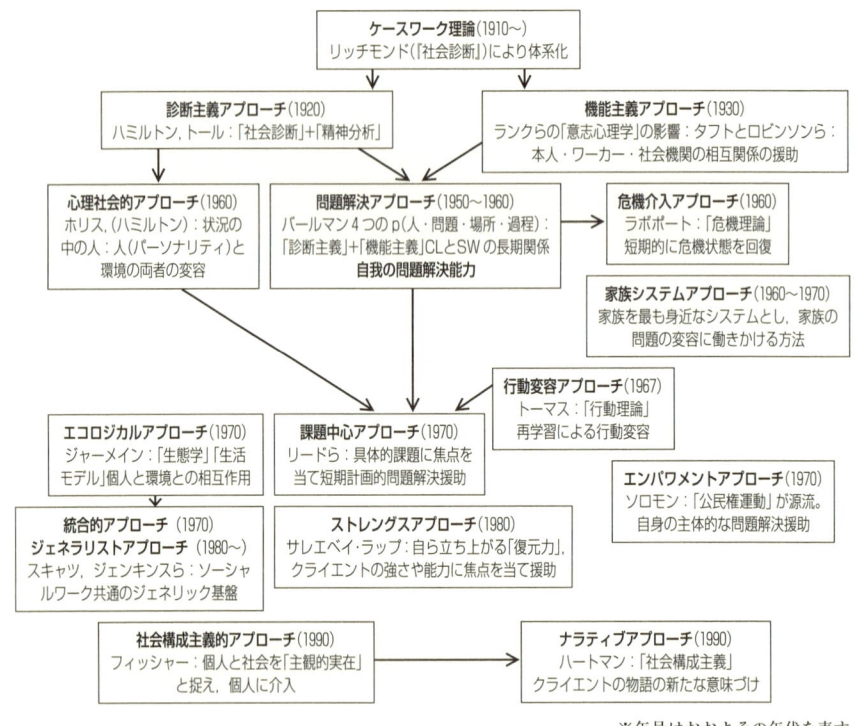

図2-1 ソーシャルワーク理論の流れ（久保・副田，2006をもとに作成）

形で社会福祉援助（ソーシャルワーク）は様々に展開していきました（図2-1）。ところで、1960年代前後のアメリカにおいて、国外でベトナム戦争（1959年）、国内で人種問題、犯罪、公害、失業、貧困などの社会問題が噴出し、これらに関わる生活問題を心理学的に個人の人格的な問題に還元することは、社会的な解決方法を考えないだけでなくクライアントを抑圧している状態に至らせるといった批判がソーシャルワーカーに向けられました。そして援助されるクライアントと援助するソーシャルワーカーとの文化差、制度の改変や社会資源の開発などに対するソーシャルワーカーの無力さも批難されました。さらにソーシャルワーカーが心理療法に特化し、側面的援助者、仲介者、代弁者などのソーシャルワーカーらしい役割を果たせていない点が指摘され、社会

福祉援助の意義のなさに対する批判も受けました。ソーシャルワーカーというよりはサイコロジストだったのです。

　つまり，このような歴史的展開から社会福祉援助においては単なるミクロレベル中心のケースワーク（個別援助）の視点だけでなく，もちろん心理学的な援助方法だけでなく，ソーシャルワーカーとしてミクロレベルからマクロレベルまで包括したソーシャルワーカーらしい機能を持つ必要性が問われたのです。そして，この1つの機能や専門性に社会福祉領域における調査を活用した援助方法も含まれたのです。

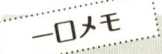

国内総生産：GDP

　国の経済力を示す国内総生産である GDP（Gross Domestic Product）にて，日本の名目GDP は2005年以降おおよそ500兆円を超えており2015年度528兆円で，世界第3位である（1位アメリカ17,947，2位中国10,982，3位日本4,123，4位ドイツ3,357，5位イギリス2,849で全て10億 US ドル換算）。商品・サービス金額の総生産額からその生産にかかった中間費用を除いた分で，名目 GDP と実質 GDP がある。前者は金額的な事項で，後者は物価変動を捉えたもの。つまり昨年500兆円の名目 GDP で，今年は550兆円の GDP だった場合，10％の成長率となるが，物価も10％上昇していれば，商品・サービスの量は変わらないと判断し，成長率はないこととされる。

　※データは IMF（国際通貨基金：国連の機関で中央銀行的役割）より取得。
　URL=http://www.imf.org/external/ns/cs.aspx?id=28　（2016年7月7日取得）

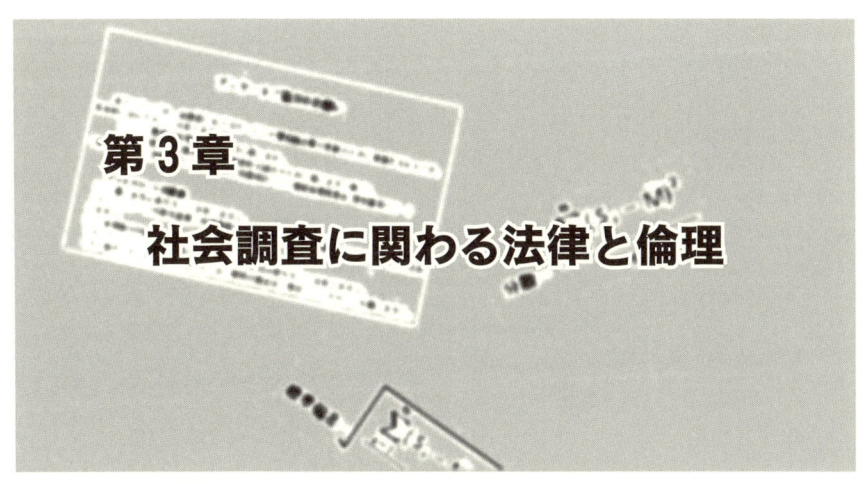

第3章
社会調査に関わる法律と倫理

1. 統計法の概要

　社会調査に関わる法律として統計法（内閣府）があります。統計法では以下の事項が規定されています。とくに下線部で重要事項を掲載しますが，余裕があれば統計法全体を確認することも必要でしょう。

---

①目的（第一条）
　この法律は，公的統計が国民にとって合理的な意思決定を行うための基盤となる重要な情報であることにかんがみ，公的統計の作成及び提供に関し基本となる事項を定めることにより，公的統計の体系的かつ効率的な整備及びその有用性の確保を図り，もって<u>国民経済の健全な発展及び国民生活の向上に寄与することを目的とする。</u>
②行政機関（第二条）
　法律の規定に基づき内閣に置かれる機関若しくは内閣の所轄の下に置かれる機関，宮内庁，内閣府設置法（平成十一年法律第八十九号）第四十九条第一項若しくは第二項に規定する機関又は国家行政組織法（昭和二十三年法律第百二十号）第三条第二項に規定する機関をいう。
③<u>公的統計</u>（第二条3）
　<u>行政機関，地方公共団体又は独立行政法人等（以下「行政機関等」という。）が作成する統計</u>
④<u>基幹統計</u>（第二条4）★★
　<u>国勢統計，国民経済計算，または行政機関が作成し，又は作成すべき統計であって，</u>

次のいずれかに該当するものとして総務大臣が指定するもの
 イ 全国的な政策を企画立案し,又はこれを実施する上において特に重要な統計
 ロ 民間における意思決定又は研究活動のために広く利用されると見込まれる統計
 ハ 国際条約又は国際機関が作成する計画において作成が求められている統計その他国際比較を行う上において特に重要な統計

⑤統計調査(第二条5)
　行政機関等が統計の作成を目的として個人又は法人その他の団体に対し事実の報告を求めることにより行う調査をいう。ただし,次に掲げるものを除く。
一 行政機関等がその内部において行うもの
二 この法律及びこれに基づく命令以外の法律又は政令において,行政機関等に対し,報告を求めることが規定されているもの
三 政令で定める行政機関等が政令で定める事務に関して行うもの

⑥基幹統計調査(第二条6),一般統計調査(第二条7)
　基幹統計調査とは基幹統計の作成を目的とする統計調査(表7)て,一般統計調査とは行政機関が行う統計調査のうち基幹統計調査以外のもの。

⑦国勢統計(第五条)★
　本邦に居住している者として政令で定める者について,人及び世帯に関する全数調査を行い,これに基づく統計(総務大臣が作成しなければならない)
※第五条2では,総務大臣は,前項に規定する全数調査(以下「国勢調査」という。)を十年ごとに行い,国勢統計を作成しなければならない。ただし,当該国勢調査を行った年から五年目に当たる年には簡易な方法による国勢調査を行い,国勢統計を作成するものとする,とし国勢調査を定めている。

⑧国民経済計算(第六条)★
　内閣総理大臣は,国際連合の定める国民経済計算の体系に関する基準に準拠し,国民経済計算の作成基準(以下この条において単に「作成基準」という。)を定め,これに基づき,毎年少なくとも一回,国民経済計算を作成しなければならない。

(総務省, 2007, 下線と注は筆者による)

(注1) 例えば,内閣総理大臣,内閣官房長官,大臣官房,男女共同参画局
(注2) 例えば,公正取引委員会,国家公安委員会,金融庁,消費者庁
(注3) 内閣の統轄の下に行政事務を司る機関で"省"とされるものと内閣の外局が"委員会","庁"とされるもの(いずれも2012年12月現在,各法より)
(注4) 国勢調査などの各調査では,総務大臣や都道府県知事から統計調査員が任命され,調査対象となる世帯や事業所などを訪問する。

　内閣府(2011)によれば,国民経済計算は,「我が国の経済の全体像を国際比較可能な形で体系的に記録することを目的に,国連の定める国際基準(SNA:System of National Accounts:国民経済計算)に準拠しつつ,統計法に基づく基幹統計として,国民経済計算の作成基準及び作成方法に基づき作成される」とし,国民経済計算は「四半期別GDP(Gross Domestic Product:国内

総生産）速報」と「国民経済計算確報」の2つからなっています。また「四半期別GDP速報」は速報性を重視し，GDPをはじめとする支出側系列等を，年に8回四半期別に作成・公表しています。「国民経済計算確報」は，生産・分配・支出・資本蓄積といったフロー面や，資産・負債といったストック面も含めて，年に1回作成・公表しています。詳細は内閣府のホームページで一度確認すべきでしょう。

また<u>国民経済計算</u>は調査したデータを加工して示されたもの，様々な分析がなされたものであることから，総称的に<u>加工統計</u>とも言われています。この他，基幹統計は表3-1のように数多くありますが，最低限，下線部分の統計名称は憶えたほうがいいでしょう。

表3-1　基幹統計（2019年5月現在）（総務省，2019，下線と★は筆者による）

内閣府　《1》	文部科学省　《4》	経済産業省　《7》
<u>国民経済計算</u>★(注1)	<u>学校基本統計</u>★	経済産業省生産動態統計
	学校保健統計	ガス事業生産動態統計
総務省　《14》	学校教員統計	石油製品需給動態統計
<u>国勢統計</u>★	社会教育統計	商業動態統計
住宅・土地統計		経済産業省特定業種石油等消費統計
<u>労働力統計</u>★	厚生労働省　《9》	経済産業省企業活動基本統計
小売物価統計	<u>人口動態統計</u>★	鉱工業指数(注1)
<u>家計統計</u>★	毎月勤労統計	
個人企業経済統計	薬事工業生産動態統計	国土交通省　《9》
科学技術研究統計	医療施設統計	港湾統計
地方公務員給与実態統計	<u>患者統計</u>★	造船造機統計
就業構造基本統計	賃金構造基本統計	建築着工統計
全国家計構造統計	国民生活基礎統計	鉄道車両等生産動態統計
<u>社会生活基本統計</u>	<u>生命表</u>(注1)	建設工事統計
経済構造統計(注2)	社会保障費用統計(注1)	船員労働統計
産業連関表(注1)(注3)		自動車輸送統計
人口推計(注1)	農林水産省　《7》	内航船舶輸送統計
	農林業構造統計	法人土地・建物基本統計
財務省　《1》	牛乳乳製品統計	
<u>法人企業統計</u>	作物統計	
	海面漁業生産統計	
国税庁　《1》	漁業構造統計	
<u>民間給与実態統計</u>	木材統計	
	農業経営統計	

(注1) 国民経済計算，産業連関表，生命表，社会保障費用統計，鉱工業指数及び人口推計は，他の統計を加工することによって作成される「加工統計」であり，その他の統計は統計調査によって作成される。
(注2) 経済構造統計は，総務省の外，経済産業省も作成者となっている。
(注3) 産業連関表は，総務省の外，内閣府，金融庁，財務省，文部科学省，厚生労働省，農林水産省，経済産業省，国土交通省及び環境省も作成者となっている。
※《　》は各省庁における基幹統計の数。

2. 個人情報の保護に関する法律（個人情報保護法）の概要*

近年のITの進展に伴い個人情報の保護規定が求められたことから施行されたのが，個人情報保護法です。以下に，社会調査においても重要な個人情報の取り扱いに関する部分を一部紹介します。

第一章　総則
目的
第一条　この法律は，<u>高度情報通信社会の進展に伴い個人情報の利用が著しく拡大していることに鑑み，個人情報の適正な取扱いに関し，基本理念及び政府による基本方針の作成その他の個人情報の保護に関する施策の基本となる事項を定め，国及び地方公共団体の責務等を明らかにするとともに，個人情報を取り扱う事業者の遵守すべき義務等を定めることにより，個人情報の適正かつ効果的な活用が新たな産業の創出並びに活力ある経済社会及び豊かな国民生活の実現に資するものであることその他の個人情報の有用性に配慮しつつ，個人の権利利益を保護することを目的とする。</u>
定義
第二条　この法律において<u>「個人情報」</u>とは，生存する個人に関する情報であって，次の各号のいずれかに該当するものをいう。当該情報に含まれる氏名，<u>生年月日その他の記述等</u>（文書，図画若しくは電磁的記録（電磁的方式（電子的方式，磁気的方式その他人の知覚によっては認識することができない方式をいう。次項第二号において同じ。）で作られる記録をいう。第十八条第二項において同じ。）に記載され，若しくは記録され，又は音声，動作その他の方法を用いて表された一切の事項（個人識別符号を除く。）をいう。以下同じ。）<u>により特定の個人を識別することができるもの</u>（他の情報と容易に照合することができ，それにより特定の個人を識別することができることとなるものを含む。）
5　この法律において「個人情報取扱事業者」とは，個人情報データベース等を事業の用に供している者をいう。ただし，次に掲げる者を除く。
一　国の機関
二　地方公共団体
三　独立行政法人等（独立行政法人等の保有する個人情報の保護に関する法律（平成十五年法律第五十九号）第二条第一項に規定する独立行政法人等をいう。以下同じ。）
四　地方独立行政法人（地方独立行政法人法（平成十五年法律第百十八号）第二条第一項に規定する地方独立行政法人をいう。以下同じ。）
6　この法律において「個人データ」とは，個人情報データベース等を構成する個人情報をいう。
7　この法律において「保有個人データ」とは，個人情報取扱事業者が，開示，内容の

訂正，追加又は削除，利用の停止，消去及び第三者への提供の停止を行うことのできる権限を有する個人データであって，その存否が明らかになることにより公益その他の利益が害されるものとして政令で定めるもの又は一年以内の政令で定める期間以内に消去することとなるもの以外のものをいう。
8　この法律において個人情報について「本人」とは，個人情報によって識別される特定の個人をいう。
基本理念
<u>個人情報は，個人の人格尊重の理念の下に慎重に取り扱われるべきものであり，その適正な取扱いが図られなければならない。</u>

第四節　国及び地方公共団体の協力
第四章　個人情報取扱事業者の義務等
(1) 利用目的の特定，利用目的による制限（十五条，十六条）
  ・<u>個人情報を取り扱うに当たり，その利用目的をできる限り特定</u>
  ・<u>特定された利用目的の達成に必要な範囲を超えた個人情報の取扱いの原則禁止</u>
(2) 適正な取得，取得に際しての利用目的の通知等（十七条，十八条）
  ・<u>偽りその他不正の手段による個人情報の取得の禁止</u>
  ・<u>個人情報を取得した際の利用目的の通知又は公表</u>
  ・<u>本人から直接個人情報を取得する場合の利用目的の明示</u>
(3) データ内容の正確性の確保等（十九条）
  ・利用目的の達成に必要な範囲内で個人データの正確性，最新性を確保
(4) 安全管理措置，従業者・委託先の監督（二十条～二十二条）
  ・個人データの安全管理のために必要かつ適切な措置，従業者・委託先に対する必要かつ適切な監督
(5) 第三者提供の制限（二十三条）
  ・<u>本人の同意を得ない個人データの第三者提供の原則禁止</u>
  ・本人の求めに応じて第三者提供を停止することとしており，その旨その他一定の事項を通知等しているときは，第三者提供が可能
  ・委託の場合，合併等の場合，特定の者との共同利用の場合（共同利用する旨その他一定の事項を通知等している場合）は第三者提供とみなさない
(6) 公表等，開示，訂正等，利用停止等（二十七条～三十条）
  ・保有個人データの利用目的，開示等に必要な手続等についての公表等
  ・保有個人データの本人からの求めに応じ，開示，訂正等，利用停止等
(7) 苦情の処理（三十五条）
  ・個人情報の取扱いに関する苦情の適切かつ迅速な処理に努める

（個人情報の保護に関する法律を参考に作成）

3．社会調査に関する倫理

（1）社会調査協会の倫理

　社会調査の倫理を理解するために社会調査協会の倫理規程が役立ちます。以下は，一般社団法人社会調査協会の倫理規程です。

一般社団法人社会調査協会の倫理規程

〔策定の趣旨と目的〕

　一般社団法人社会調査協会は発足にあたって，会員が依拠すべき倫理規程を定め，これを「社会調査協会倫理規程」として社会的に宣言する。

　会員は，質の高い社会調査の普及と発展のために，調査対象者および社会の信頼に応えるために，本規程を十分に認識し，遵守しなければならない。社会調査の実施にあたっては，調査対象者の協力があってはじめて社会調査が成立することを自覚し，調査対象者の立場を尊重しなければならない。また社会調査について教育・指導する際には，本規程にもとづいて，社会調査における倫理的な問題について十分配慮し，調査員や学習者に注意を促さなければならない。

　プライバシーや権利の意識の変化などにともなって，近年，社会調査に対する社会の側の受け止め方には，大きな変化がある。調査者の社会的責任と倫理，対象者の人権の尊重やプライバシーの保護，被りうる不利益への十二分な配慮などの基本的原則を忘れては，対象者の信頼および社会的理解を得ることはできない。会員は，研究の目的や手法，その必要性，起こりうる社会的影響について何よりも自覚的でなければならない。

　社会調査の発展と質の向上，創造的な調査・研究の一層の進展のためにも，本規程は社会的に要請され，必要とされている。本規程は，社会調査協会会員に対し，社会調査の企画から実施，成果の発表に至る全プロセスにおいて，社会調査の教育において，倫理的な問題への自覚を強く促すものてある。

第1条　社会調査は，常に科学的な手続きにのっとり，客観的に実施されなければならない。会員は，絶えず調査技術や作業の水準の向上に努めなければならない。

第2条　社会調査は，実施する国々の国内法規及び国際的諸法規を遵守して実施されなければならない。会員は，故意，不注意にかかわらず社会調査に対する社会の信頼を損なうようないかなる行為もしてはならない。

第3条　調査対象者の協力は，自由意志によるものてなければならない。会員は，調査

対象者に協力を求める際，この点について誤解を招くようなことがあってはならない。

第4条　会員は，調査対象者から求められた場合，調査データの提供先と使用目的を知らせなければならない。会員は，当初の調査目的の趣旨に合致した2次分析や社会調査のアーカイブ・データとして利用される場合および教育研究機関で教育的な目的で利用される場合を除いて，調査データが当該社会調査以外の目的には使用されないことを保証しなければならない。

第5条　会員は，調査対象者のプライバシーの保護を最大限尊重し，調査対象者との信頼関係の構築・維持に努めなければならない。社会調査に協力したことによって調査対象者が不利益を被ることがないよう，適切な予防策を講じなければならない。

第6条　会員は，調査対象者をその性別・年齢・出自・人種・エスニシティ・障害の有無などによって差別的に取り扱ってはならない。調査票や報告書などに差別的な表現が含まれないよう注意しなければならない。会員は，調査の過程において，調査対象者および調査員を不快にするような性的な言動や行動がなされないよう十分配慮しなければならない。

第7条　調査対象者が年少者である場合には，会員は特にその人権について配慮しなければならない。調査対象者が満15歳以下である場合には，まず保護者もしくは学校長などの責任ある成人の承諾を得なければならない。

第8条　会員は，記録機材を用いる場合には，原則として調査対象者に調査の前または後に，調査の目的および記録機材を使用することを知らせなければならない。調査対象者から要請があった場合には，当該部分の記録を破棄または削除しなければならない。

第9条　会員は，調査記録を安全に管理しなければならない。とくに調査票原票・標本リスト・記録媒体は厳重に管理しなければならない。

(一般社団法人社会調査協会，2009)

（２）その他の倫理規定

①公益社団法人日本社会福祉士会

公益社団法人日本社会福祉士会の倫理規定を一部抜粋して以下に紹介します。

〈専門職としての倫理責任〉
（調査・研究）社会福祉士は，すべての調査・研究過程で，クライエントを含む研究対象の権利を尊重し，研究対象との関係に十分に注意を払い，倫理性を確保する。

（日本社会福祉士会，2005）

②公益社団法人日本心理学会

公益社団法人日本心理学会の倫理規定から福祉的支援を一部抜粋して以下に紹介します。

ここでは，福祉の場において心理学的研究・心理学的な実践を行う場合の倫理上の指針を示す。心理学的な実践とは，心理学の知見を応用した支援活動の全般を指す。すべての人間はかけがえのない存在であり，年齢，性別，人種，信条，社会的背景の違いのほか，障害や疾患の有無，能力，体格などの特徴にかかわりなく，個人として尊重されなければならない。心理学は，乳幼児とその保護者，高齢者，障害や疾患がある人に対しても研究の目を向け，同時にその生活の質の維持・向上のための支援にも深くかかわっている。

1．福祉的かかわりにおける障害者への配慮
　福祉の場において心理学的な支援にたずさわる者は，障害や疾患の特徴も含め個々の対象者のもつ個別的な特性を十分に理解し，生活の場全体の特徴も考慮した上で実践を行う。
2．家族や近隣社会への配慮
　心理学的な支援にたずさわる者は，直接の支援対象者だけでなく，その家族や近隣社会に対しても配慮すべきである。支援の実践は，対象者の保護者や対象者が属する身近な集団と，密接なコミュニケーションをとりながら行う必要がある。
3．不当な対価の要求の禁止
　心理学的な支援にたずさわる者は，その支援関係を利用して，指導，助言，教育等の対価を支援対象者やその関係者に不当に要求してはならない。

4．質問への公正な回答

　支援対象者について関係者からの問い合わせがあった場合，その支援にたずさわる者は，支援対象者の個人情報についてはプライバシーを侵さない範囲で，支援対象者の承諾を得た上で，可能な限り公正な態度をもって回答する。ただし，支援対象者が承諾するかどうかの判断ができない場合には，保護者や後見人などの代諾者から承諾を得ることとする。自らの学問的な立場や所属する組織等に利するように情報を歪曲した回答や，誤解を招くような回答をしてはならない。

5．研究と支援の関係

　福祉の場において心理学研究にたずさわる者は，研究対象者が特別な支援を必要とする状態にあると判断された場合，研究よりも支援を優先し，十分な支援体制が整った時点で研究を再開しなければならない。

6．他の専門家の助言

　障害や疾患がある対象者に対して心理学的研究・心理学的な支援にたずさわる者は，必要に応じ他領域の専門家から，その障害や疾患に関する専門的な知識を得て，より適切な配慮のもとで研究や支援の実践を行う。

7．インフォームド・コンセント

　福祉の場において心理学的研究にたずさわる者は，研究対象者が理解できる手段や方法で事前に研究内容の十分な説明を行い，理解されたかどうかを確認した上で，原則として，文書で同意を得なければならない。たとえば，子ども，障害や疾患を有する人，外国人など，認知・言語能力上の問題や文化的背景の違いなどのために，通常の方法の説明では研究内容の理解を得られたと判断できない研究対象者の場合には，保護者や後見人などの代諾者に十分な説明を行い，原則として，文書で代諾者から同意を得なければならない。

8．支援関係を利用した研究

　支援関係にある成人や子どもを研究対象とする場合，研究者はその関係を利用して研究協力を強要してはならない。支援対象者が自由意思による判断ができるよう，十分な情報と時間を与えなければならない。福祉の対象者はしばしば研究者に対して弱い立場にあることが多いが，研究に協力するかどうかは，対象者の自由意思による判断で行われるべきである。

（日本心理学会，2011）

(3) 社会調査を行なう上での様々な倫理事項

　社会調査は基本的に図3-1のような段階をもって行なわれますが，その段階に関する倫理的事項があります。各段階の倫理事項を示したのが表3-2です。

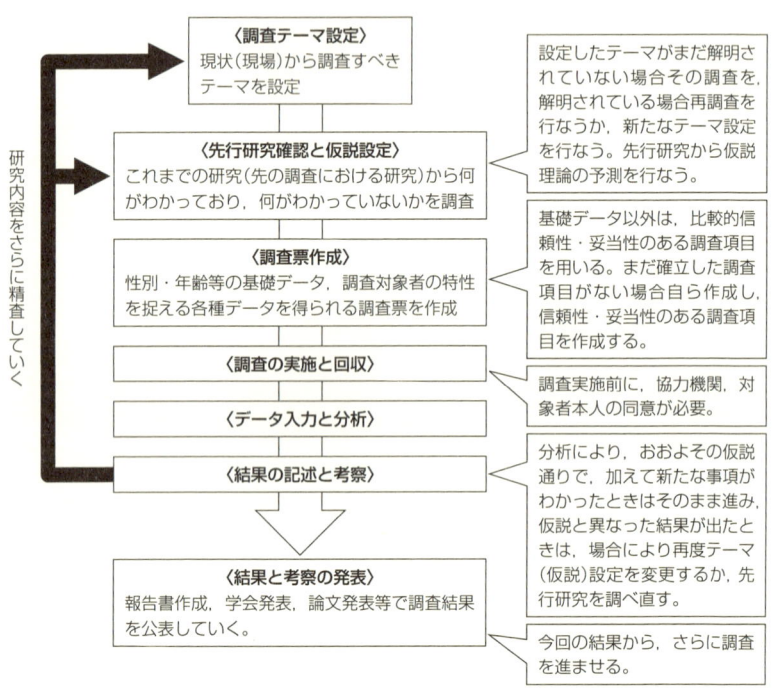

図3-1　社会調査方法の流れ（米川・山崎，2013をもとに作成）

表3-2 調査段階に合わせた倫理*

方法	倫理事項
理論の予測方法	（1）自分自身の行なう調査に意義があることを説明できることが必要。意味や意義のない調査なら実施する必要性がない。つまり目的および目標を明らかにすることで、そこから何を得ることができるのかを明確にする必要がある。 （2）これまで実証されている研究を調査せずに同様の研究を自分が初めて行なう調査者だと言わない。 ⇒同様の先行研究の調査方法・調査結果を理解しておき、新しい視点を持った調査を行なう。 （3）科学的に証明されていることと個人の言動とを分けて、自分の私的な意見が一般的であるような言動をしない。
調査票（用紙）作成方法	（1）研究テーマ・研究内容・調査者・調査の扱い方法（保管・処分方法）・個人情報の保護に関する事項を明示する。 **（2）調査対象者（協力者）を守る観点を示す。** ・対象者が所属する大元の機関から同意を得る。 ・対象者本人から同意を得て（個別であろうと集団であろうと同様）調査を行なう旨を明示する。 ・権利の開示：調査対象者が調査を途中で拒否する権利、回答したくない質問は回答しないことの権利があることを理解してもらう。 ・調査実施時の説明：調査においては、捉え間違いのないように文書と口頭での2つの説明方法が一般的に求められている。 ⇒動機づけにより本来の調査の趣旨と異なってしまう場合があるため、過剰の金品やサービスの提供を行なうことのないようにする。 ※住民基本台帳でさえ、住民基本台帳法（第11条）では一部の閲覧（氏名、性別、生年月日、住所）しかできない。 ・結果を誰が見るのかにより配慮を十分に行なう。対象者群の性格や職務能力を表す調査結果を対象者の所属先の人々が見る場合などは職場の評価に関係する可能性もあるため、職場（成績）の評価に関係しないような配慮（調査の健全性）が求められる。 ・調査回答用紙はしっかりと管理する。誰でも見れる場所に回答用紙を放置することのないように管理するとともに、分析後は責任を持って破棄するまで調査は終わりではない。そのため調査依頼のときに保管方法や破棄方法の明示も必要。
調査（実施）方法	（1）研究内容（調査方法等含む）について倫理委員会等第三者から同意を得る。 （2）質的調査では、より具体的な対象（例：A地域しかない特徴のある対象）に調査する。このとき例えば"昼食をとらない成人男性"を対象とする場合、日によって昼食をとるというような場合は対象としての信頼性がなく、"昼食をとる"とはどのような定義か等の根拠を持って説明できるのが妥当性である。調査結果の信頼度に関わり、信頼性や妥当性を持った対象者の設定は重要である。量的調査では、できるだけ偏りのないように無作為に対象を調査する（ランダムサンプリングのこと）。 （3）調査対象者の尊厳や権利を尊重する。 ①本人の同意を得る。質的調査のように明らかに対象者の情報の個別性がある場合は、同意の署名を得る。 ②同意を得ても匿名性を重要視する ⇒実施においては、個人情報のメールのやりとりなどをする場合、情報漏れのリスクを考えておく必要がある。 ・事前に調査内容や調査結果に影響を与える場合、倫理の範囲内で実施することを前提に大元の所属機関などには事前に同意を得ることと、調査実施内容を倫理委員会などにて承認を得ておく必要がある。 ・明らかに個人の特定がなされる場合、結果や考察の内容が変わらない程度に一部情報を匿名にしたり、加工することも考える。 例）49歳⇒40代、小学2年生⇒小学生低学年 ③同意できる能力のある人でない場合、研究は困難である。 ⇒子どもの場合、本人および保護者の同意が必要。 ⇒学校で行なう場合、本人および学校長等の同意が必要。現在では保護者への同意も求められるようになってきている。 ④調査結果がどのようなものかを事前に伝え、実際の結果においても可能な限り明示する。 ⑤調査対象者を傷つけるような調査方法をとらない。ストレス負荷に対しては、それに耐え得る対象者に限定する。膨大な時間を費やす場合は、事前にどの程度の時間がかかる調査なのかを説明する必要がある。 ⑥社会的な規範に反するような行為・記述は行なわない。
分析方法データ入力	獲得したデータをねつ造しない。分析方法はそのまま提示し、都合のよい結果として示さない。 データ使用前後に関わることであるが、記録物（テープ等含む）の管理は明確な責任（誰が、どこに保管し、いつどうやって処分するか）を持って管理することが求められる。ビデオ等の複製が自分の知らない場に提供や公表されることのないように個人情報の保護を含め厳重な管理が求められる。
結果の明示方法	（1）個人情報（個人名・所属先）を記述しない。同意のある場合でも個人名は記述しない。性別は可能。所属先も具体的な名称でなくA施設などとする。 （2）調査日時についても可能な限り明示しない。"20XX年9月～10月"など工夫する。 （3）調査対象者の尊厳や権利を尊重し、質的研究の場合はとくに対象者を否定するような明示はしない（結果の記述方法）。 （4）調査対象者に調査結果を発表する期限は2～3日後ではなく、しっかりと吟味して説明できるための期間をあけてからにする必要がある。つまり調査対象者が調査時以降被害をこうむるようなことにならないようにしなければならない。
考察方法	これまでの知見と合わせて考察し、個人の主観的考察のみの記述にしない。
課題設定方法	自分自身が行なう調査の限界を捉えていることが大切。つまり限界を捉えることにより、何に注意して考察すべきかがわかる。もし限界を捉えていないならば、おおよそその調査結果の報告は主観的な断定の言動が多くなり、突けば穴だらけであるにもかかわらず、あたかも一般化（誰にでも必ず起こり得るようなこと）したような体裁いいものになってしまい、調査実施初心者（研究初心者）にありがちな態度となる。

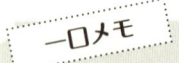

新たな妥当性の見方

村山（2012）は，我が国の妥当性の説明では「内容的妥当性」「基準関連妥当性（外的基準との関連性）」「構成概念妥当性（外的基準との関連性があれば，予測していた潜在変数を構成している〔構成概念の一致〕と捉える）」があがるが，1980年代以降の妥当性研究では，妥当性の概念は時代とともに変遷していること，そして近年では，構成概念妥当性に妥当性が収斂する考えが主流であることを報告した。極端には仮説理論の検討を行うすべての実証研究は，何らかの形で構成概念妥当性を検証していることになるとした。

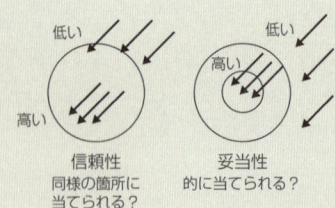

このとき，Messick（1989）は構成概念妥当性こそが，統合的概念で捉えられる妥当性そのものであるとし，妥当性にサブタイプがあるのではなく，単一のものだとした。そして妥当性を「テストもしくは他の測定結果にもとづいた解釈の適切性について，それを支える実証的証拠や理論的根拠がどの程度あるかに関する，総合的な評価」と要約した。

Messick（1995）による構成概念妥当性の側面（平井, 2013を参考に作成）

妥当性の側面	妥当性の証拠	具体的な情報の収集
内容的側面	項目の内容が設定した領域の内容に対応しているかを示す証拠	専門家や尺度のユーザーによる判断；談話分析，タスク分析等
本質的側面	項目やタスクなどの反応などの刺激が知りたい面に影響しているかを意見を聞き示される証拠	インタビュー，目の動き，反応時間など
構造的側面	尺度内の項目間の関係が理論的構造の一致を示す証拠	因子分析やSEMなど
一般化可能性の側面	観測変数（平均や標準偏差，項目間の相関構造）が一貫して同様の結果を示す証拠	再検査信頼性，平行（代替）検査信頼性，クロンバックのアルファ係数など
外的側面	当該尺度と他の尺度に理論上想定される相関パターンが示される証拠	相関分析やMTMM（Multi-Trait Multi-Method analysis；収束的妥当性・弁別的妥当性）
結果的側面	測定した結果が実際の結果を反映しているかの証拠	数値の高い人に本当に高いかをインタビューする等

平井明代（2013）．英語教育学Ⅳ（2013年4月22日レジュメ）
URL=http://www.u.tsukuba.ac.jp/~hirai.akiyo.ft/forstudents/eigokyouikugaku7.files/2013_4_22.pdf（2016年7月1日取得）
Messick, S. (1989). Validity. In R. L. Linn (ed.), Educational measurement (3rd ed), Washington, DC: American Council on Education & Macmillan, pp. 13-104（池田　央ら監訳（1992）．教育測定学（上巻）みくに出版, pp.19-145）
Messick, S. (1995). Validity of psychological assessment. American Psychologist, 50, 741-749.
村山　航（2012）．妥当性概念の歴史的変遷と心理測定学的観点からの考察　教育心理学年報, 51, 118-130.

第4章
社会調査の方法 I

　社会福祉士の国家試験においては，調査実施方法および統計分析などがよく出題されます。テーマ設定等に関する事項はほぼ出題されませんが，今後高度な援助技術や調査研究を行なうときには重要な事項となります。なお図4-1は社会調査のおおよその概念図（例）です。

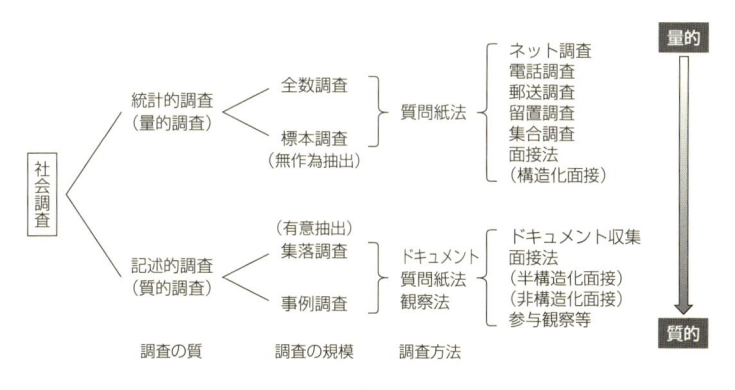

```
                            ┌ ネット調査
                            │ 電話調査
              ┌ 全数調査    │ 郵送調査
統計的調査 ─┤          ┌ 質問紙法 ─┤ 留置調査            量的
(量的調査)   │              │ 集合調査             ↑
              └ 標本調査    │ 面接法              │
                (無作為抽出) └ (構造化面接)        │
社会調査 ─┤                                        │
              ┌ (有意抽出)   ┌ ドキュメント収集   │
              │ 集落調査    │ ドキュメント       │ 面接法
記述的調査 ─┤              ┌ 質問紙法 ─┤ (半構造化面接)
(質調査)     │              │ 観察法    │ (非構造化面接) ↓
              └ 事例調査    └ 参与観察等        質的

調査の質      調査の規模      調査方法
```

図4-1　社会調査の概念図（例）

1．調査テーマ設定

　社会調査におけるテーマは，何を明らかにしたいかで決定されます。例えば，「日本人の食事で最も食するおかず」を明らかにしたいならば"日本人全員"の調査となりますが，「職場であるA施設の利用者に人気のあるおかず」を明らかにしたいならば"自分が関わる人たちのみ"の調査となりますので，後者のほうが調査の規模は小さくなることでしょう。

　このように1つの事項を知りたいというものもあるでしょうし，「障がい者支援で大事にする支援者の感情と自立促進の関係」や「認知症高齢者が示す行動と成人期の生活習慣の関連性」というテーマ設定の場合のように2つ以上の事項を知りたいというものもあるでしょう。つまりテーマ設定は調査者が興味のある事項に自由に設定できるのです。

　しかし，テーマ設定は，そんなに簡単なものではありません。なぜなら自分が知りたいテーマがすでに自分が行なうよりもはるかに信頼できる方法でこれまでに実施されていることもあるからです。つまり，同様のテーマで優れた調査がすでにされている場合，その調査にあまり意味がないということになるのです。すでに行なわれている調査と同様のことをして同じ結果を示したい，または必ずしも同じ結果が出ないことを明らかにしたいという場合は別ですが，基本的には，同じ調査は意味がないと言えます。ですので，再度同じ調査を行なう場合の価値は低くなるというのが暗黙の了解です。

　そのため，まずテーマ設定をするといっても"仮"のテーマとして置きながら，そのテーマがこれまでにない独自性のあるものなのかを確認する必要が出てくるのです。

2．先行調査・先行研究確認

（1）先行調査および先行研究を確認する意義

　これまで行なわれた調査および研究を確認することは，単に先に決めたテーマの独自性があるかどうかに関係するだけではありません。それは自らのテーマをより洗練させたり，具体性を持たせたりするためにも大いに重要なことなのです。例えば精神障害者支援に関する調査で，精神障害者のうち，うつ病の人々の調査なのか，統合失調症の人々の調査なのか，また自ら調べるその障害者の全国的な人数はどの程度なのか？　さらに就労している人を対象とするのか，休職している人を対象とするのか等，調査対象者の状況や実際を事前に理解しておくことで，全国的に対象者数の多いほうに対する調査であるならば多くの人に還元できる調査結果をもたらせるかもしれません。一方で，希少な対象者に対する調査となるならばこれまでにない新たな方向性を見出すものになるかもしれません。つまり，自分の行なう調査がどのような意義があるかを捉えるためにも先行調査や先行研究の確認は重要なのです。

（2）先行調査および先行研究の確認方法

　これまでの調査を調べるために最も活用されるのは，官公庁等におけるサイトです。表4-1の各サイトは規模の大きい（マクロな）調査の結果が多く示されています。各サイトにて自分の調査と関係する調査結果を確認するといいでしょう。なお首相官邸では，これまでに様々な省庁で出された情報をまとめた各種白書を紹介しています。

　ただし，おおよそは，自らの調査と関連する先行研究に様々な調査や先行研究が引用文献の欄に示されていますので，そこから関係する調査や研究を調べていくというやり方が初心者にはわかりやすい方法です。このとき，先行研究を検索する主要なサイトを表4-2に示します。自分の調査と関係する用語を

表4-1　官公庁等のサイト

首相官邸	http://www.kantei.go.jp/jp/hakusyo/
内閣府	http://www.esri.cao.go.jp/index.html
厚生労働省	http://www.mhlw.go.jp/toukei_hakusho/toukei/
文部科学省	http://www.mext.go.jp/b_menu/toukei/main_b8.htm
総務省	http://www.soumu.go.jp/menu_seisaku/toukei/index.html
法務省	http://www.moj.go.jp/hakusyotokei_index.html
国立社会保障・人口問題研究所	http://www.ipss.go.jp/
国立公文書館	http://www.digital.archives.go.jp/index.html
各自治体のホームページ	各都道府県および区市町村のサイトへ

表4-2　先行研究の検索サイト

国立国会図書館	http://www.ndl.go.jp/
CiNii（国立情報学研究所　論文情報ナビゲーター）	http://ci.nii.ac.jp/
Google scholar	http://scholar.google.co.jp/
PubMed	http://www.ncbi.nlm.nih.gov/pubmed/
各大学リポジトリ	各大学の研究情報は CiNii 等から確認できます。

検索してみるといいでしょう。

3．調査票作成

（1）依頼文

　調査票は，①調査依頼文，②名前（無記名の場合なし），年齢，性別，学歴，所属などの対象者の"基本属性に関する事項"，そして③自らが行なう独自の"調査内容事項"とに分かれます。調査票作成で最も倫理的に重要な事項が，調査票1枚目の調査の主旨と実施者氏名そして同意の確認を求めた依頼文です（図4-2）。なお様々な質問項目の調査票では，②の基本属性に関する事項が調査の最初の項目であることから，「フェイスシート」と言うことがあります。

第4章　社会調査の方法 I

> **アンケートご協力のお願い**
>
> 　本アンケートは，当施設におけるサービスの質の向上等の貢献のために実施するものです。具体的には以下のことがあります。
> 　　（1）職員が利用者理解のために用います。
> 　　（2）援助方法確立のための学術的な論文のために用います（例1）。
>
> （例1）介護老人保健施設における援助の効果検討（○○施設倫理委員会　研究番号○○）
>
> **プライバシーへの配慮**
> （1）個人名を公表することはありません。
> （2）アンケート内容を直接，利用者様の担当の職員がデータ処理（統計処理）することはありません。
> （3）本用紙の内容を他の利用者様へ見せることはありません。
> （4）アンケートの回答内容によって施設での対応が変わることはありません。
> （5）協力したくない場合，答えたくない質問の場合は，飛ばしていただいても構いません。
> （6）本研究は当該施設の倫理委員会の許可を得ています。
>
> 　　　　そのため，どうぞ安心してありのままのことをご記入下さい。
> 　　　またアンケートは全体のデータ処理後，適切に処分をさせていただきます。
>
> 　　　　　　　　　　　　実施者
> 　　　　　　　　　○○介護老人保健施設支援相談員
> 　　　　　　　　　　　　○○太郎
>
> 　アンケートにおける十分な説明を受け，研究の当事者として参画し，本アンケート施設のサービスの向上及び学術的貢献のために用いることを同意いたします。
> 　よって，ここに署名します。
> 　　　　　　　　　　　　平成　　年　　月　　日
>
> 　　　　　　　名前＿＿＿＿＿＿＿＿＿＿＿＿＿　印

図4-2　依頼文

（2）尺度の質

　質問には，どのようなデータを収集したいかで大きく2つ（質的データ，量的データを取得する尺度），細かくは4つの尺度の種類があり（図4-3），具体的質問形式にはおおよそ4つの種類（表4-3参照）があります。
　まず尺度の種類には質的データを取得する名義尺度，順序尺度と量的データを取得する間隔尺度，比例尺度があります。順序尺度は質的データを取得する尺度なのですが，もともと順序を表すため数値を割り当て，上下をつけて分析できるので，量的データとして仮定すると理解しやすくなります。ただし，分析方法は，質的分析方法を用いることもあります（後述，スピアマンの相関分析）。

図4-3内の吹き出し・要素:

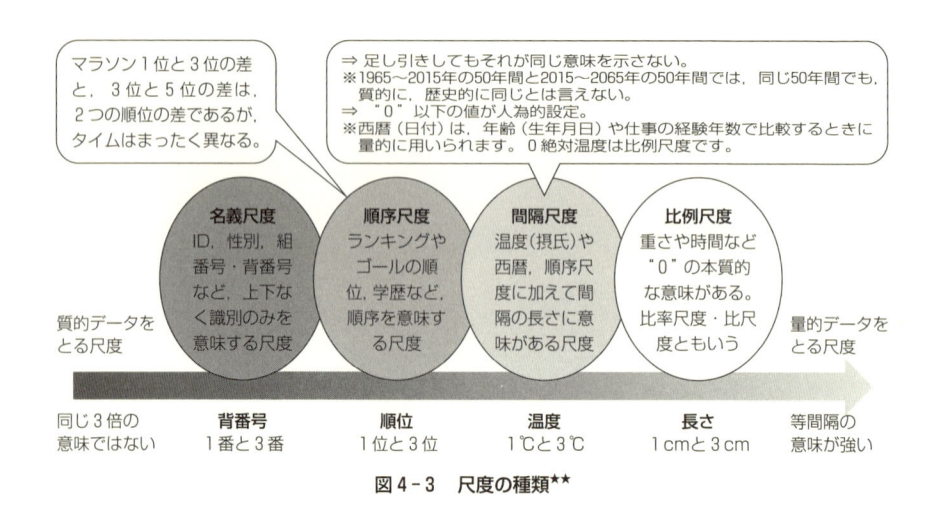

- マラソン1位と3位の差と、3位と5位の差は、2つの順位の差であるが、タイムはまったく異なる。
- ⇒ 足し引きしてもそれが同じ意味を示さない。
  ※1965〜2015年の50年間と2015〜2065年の50年間では、同じ50年間でも、質的に、歴史的に同じとは言えない。
  ※"0"以下の値が人為的設定。
  ※西暦(日付)は、年齢(生年月日)や仕事の経験年数で比較するときに量的に用いられます。0絶対温度は比例尺度です。

名義尺度 ID、性別、組番号・背番号など、上下なく識別のみを意味する尺度

順序尺度 ランキングやゴールの順位、学歴など、順序を意味する尺度

間隔尺度 温度(摂氏)や西暦、順序尺度に加えて間隔の長さに意味がある尺度

比例尺度 重さや時間など"0"の本質的な意味がある。比率尺度・比尺度ともいう

質的データをとる尺度 ← → 量的データをとる尺度

| 同じ3倍の意味ではない | **背番号** 1番と3番 | **順位** 1位と3位 | **温度** 1℃と3℃ | **長さ** 1cmと3cm | 等間隔の意味が強い |

図4-3　尺度の種類★★

質問項目における科学性を求めるのであれば（後の分析で統計分析を用いる場合），量的な尺度の意味あいが強い間隔尺度（基本的に自ら作成する尺度は順序尺度・間隔尺度）を作成する（用いる）ほうがよいとされることがあります。

(3) 質問の種類

　質問の種類には表4-3のように，大きく評定法として①評定尺度法（間隔尺度：量的データ取得），②選択法（名義尺度：質的データ取得），③順位法（順序尺度：質的または量的データ取得），④一対比較法（名義尺度または順序づけるなら順序尺度：前者質的データ，後者は2つのデータのため質的データに近いと判断したほうがよい）の他，⑤自由回答（記述）法（質的な尺度：質的なデータよりですが「記述や話しの中の"あるキーワード"等の頻度を数値で表す場合」など，データの使用方法により量的データにもなり得る）の5つがあります。とはいえ，比例尺度でさえも順序尺度と捉えれば質的なデータに近くなりますので，必ずしもどの質問の種類がどの尺度の種類に対応していると言えない部分がありますが，おおよその関係性を捉えていると後々の統計的な見方をよりわかりやすくしてくれます。なぜなら統計分析は，質的なデータを取得するか，量的なデータを取得するかで分析方法が変わるからです。この点については後述します。

表4-3 質問の種類（評定法と自由回答法）** （山村，2010をもとに作成）

〈評定尺度法〉	〈選択法（多項選択法）〉
あなたは社会福祉従事者としての将来に不安を感じていますか。 1．かなり不安である 2．やや不安である 3．どちらともいえない 4．あまり不安でない 5．まったく不安でない リッカート形式で5つの選択肢があるため5件法と言います。	あなたは社会福祉従事者としての活動でどのようなことに不安を感じていますか。当てはまる番号に○をつけてください（複数回答可能）。 1．援助活動　　4．組織内での役職（役割） 2．研鑽（学習）　5．職場人間関係 3．家庭
〈順位法〉	〈一対比較法〉
あなたが20年勤めるベテランの人と同じ職務を任せられたとしたら，どのようなことが不安ですか？　不安な順に番号を記入してください。 （　）仕事量　　（　）責任の重さ （　）仕事の質　　（　）対人関係	あなたが仕事をするにあたり，不安や悩みを感じるほうに○をつけてください。 1．仕事負担　―　家庭負担 2．学業の時間　―　趣味の時間 3．交友　―　家族との関わり
〈自由回答法〉	
あなたが対人援助者としての活動で，不安や悩みを感じることについて自由に記述してください。	

表4-4 質問項目作成の注意事項**

〈ダブルバーレル質問〉	〈キャリーオーバー効果〉	〈イエステンデンシー〉
論点や対象が2つある質問 〈質問例1〉 ・あなたは焼き鳥や魚が好きですか？ ⇒片方だけ好きな場合に困る 〈質問例2〉 ・子ども手当のような手当はどのような人にも求められると思いますか？ ⇒どのような手当か理解しにくく，もらえるものならもらいたいと答えたり，自分の考えでなく人によって求めないかもしれないと他者の意見を想定して回答しかねない。	前の質問（事柄）が後の質問（事柄）に影響を与えてしまうこと 〈連続質問例1〉 ・あなたは未成年が喫煙していることを悪いと思いますか？ ・あなたは未成年が喫煙していたら大人の責任として注意することを心掛けるべきだと思いますか？ ⇒前の質問で悪いと答えたら，後ろの質問で心掛けるべきと答えなくてはいけないように思ってしまう。 〈関連する影響例〉 ・有名芸能人がデザインしたブランドがTV宣伝により大々的に流行となった後，TV宣伝しなくても売れてしまう効果。	どのような質問に対しても「はい（Yes）」と肯定的に答えてしまう傾向がある質問 〈質問例1〉 今の政治が悪いという意見が多いのですが，あなたも悪いと思いますか？ ⇒質問内容によって1つの回答に偏りやすいときと，考えはないが何となくこちらのほうがよいというようなときにこの傾向がでる。

ところで，質問項目を作成するために注意すべき事項があります。それが表4-4の質問項目作成の注意事項です。これは，質問の仕方によって回答が偏ってしまいかねず，作成者の意図通りのまたは逆の回答を導き出してしまう可能性が高いことから示されている事項です。

（4）質問紙作成のための統計分析

質問項目を作ると言っても，自由に自分で作り，調査し，そこで出た結果が必ずしも正しいと言えるわけではありません。とくに学会等にて対外的な調査結果として示していくときには，その質問項目に「信頼性」と「妥当性」のあることが求められます。つまり，自らが作った質問項目で調査し，その結果に客観性があると言及するときには，その質問項目そのものの客観性が求められるのです。その指標となるのが信頼性と妥当性です。ただし，自らが勤める職場内だけのものとして調査結果を扱うならば，ここで言う信頼性と妥当性を厳格なまでに求める必要はないかもしれません。あくまでも信頼性と妥当性は，研究ベースで客観性を求めるときに重要視されますので，科学的な研究成果として社会的に認められなくては困るというものでなければそこまでこだわらなくてもいいこともあります。どれだけ科学性や客観性にこだわるか？　という点で捉え方が異なるのです。

信頼性とは，大きくは妥当性の1つであり，その質問項目（尺度）がしっかりと"ある状態"を示す対象者の測定を間違いが少なくできるという点が特徴です。例えば，数学が得意な人に何度やっても数学が高得点と客観的に示せるということや，質問項目群そのものが数学が得意な人を捉えるための質問項目群となり得ていることを示すというものです。そういう意味では，母集団と標本との測定における誤差が少ないほどよい質問項目（尺度）になるとも言えます。

妥当性とは，"ある状態"を示す対象者のその"ある状態"を捉えることができるということを示すものです。例えば，数学が得意な人に回答してもらったその質問項目が"本当に数学が得意である"ことを捉えられるのかを示すものです。その質問をすると数学が得意な人も魚を釣るのが得意な人も同じ結果

になるならば，捉えたい対象のことを正確に捉えられない標本誤差★を含む質問内容であると言えるかもしれません。

なお一般的に"誤差"には標本誤差と測定誤差★があり，標本誤差は抽出対象として選んだ標本によって母数（母集団の値のことで母集団特性値とも言う）との差が異なるというときの母数と標本値（サンプル特性値とも言う）との差（標本誤差＝母数－標本値）のことで，測定誤差は測定方法（回答者の測定器具の扱い方や質問等の解釈の仕方等）によって真の値（母集団の値）と測定値（標本の値）との差があるというときの差（測定誤差＝真の値－測定値）のことを言います。どちらもなくすことは困難で，少なくすることが求められます。一般的にサンプルサイズが母集団に近づくほど誤差は少なくなるとされています。

①信頼性★★

(a) 再検査法

質問項目を二度にわたり同じ被験者で測定して2回の関連性（相関）をみる検査法です。関連性の値が大きいならば，その質問項目が何度調査しても同様の結果を示せるということになります。もう1つ同様の質問項目群を作り，それとの関連性を見る平行検査信頼性という類似した検査があります。

(b) 折半法

質問項目が10項目あるとしたら，奇数と偶数とに分類し（半分半分に折半するということ），奇数群と偶数群測定結果の合計得点の相関関係をみる方法です。質問項目全体が同様の対象を捉えるために類似した結果を示せるか，内容を示せているかを確認する方法です。

(c) クロンバックのα係数（内的整合性）

質問項目群が同様の内容なのかをみる方法です。例えば，数学が得意な人の性格傾向を調べる質問項目群（尺度）の内容（例えば10個の質問項目があるとして）が「分析性格（6項目）」「客観性格（4項目）」という2つの次元で表せるならば，これら2つの性格を示す各々の質問項目群内（6項目内または4項目内）の関係性があるかを組み合わせ可能な全ての折半法を試みてその相関

の平均をみる方法です。"内的整合性"を判定すると表現され、その具体的な係数がクロンバックのα係数と言われます。SPSSではそれぞれの質問1項目の得点と全項目合計得点（6項目合計または4項目合計の得点）の相関関係を捉えたI-T相関（Item-Total相関）という分析も含まれています（SPSSでは「修正済み項目合計相関」のことです）。なお、もちろん10項目全体の内的整合性を判定してもいいのです。

　これらの注意点として、折半法、クロンバックのα係数は、結果として関係性を表すものですので、相関分析の見方（表6-7参照）と同様に1に近いほど関係性がある、つまり信頼性があると判断できます。しかし、0.9よりも高い数値が出てしまうと、まったくと言っていいほど同様の内容をきいているという、あまりに意味のない質問項目群と判断されることになります。そのため、信頼性が高くても再検討を必要とされることがあります。この場合は、クロンバックのα係数が0.9よりも低くなるように質問項目を削除や追加して調整します。逆に0.6以下だと信頼性の質は低いとされる可能性があります。一方で、再検査法は2週間後以降に測定しても同様の結果が出るほど精度が高いと言えるため0.9以上でもよいのです。なお再検査法と折半法は相関分析で検証されますが、クロンバックのα係数だけは「信頼性分析」（SPSSの場合：「分析」⇒「尺度」⇒「信頼性分析（アルファ）」）による検証となり分析方法が異なります（ただし、「信頼性分析（折半法）」で折半法を分析する方法もあります）。

②妥当性★

(a) 内容的妥当性

　内容的妥当性は、質問項目の内容そのものが"ある状態"を捉えるために適切かを判断するもので、専門家おおよそ3名以上で吟味して決めます。これは、統計分析でなく数人の専門家が一致できるものを作成するという方法です。例えば"数学が得意"なことを測定したいのに質問項目の内容が「あなたはチョコが好きですか？」というものだったら本当にそれが"数学が得意"なことを捉えられるかどうかわからないでしょう。だから、しっかりとした専門家が質

問内容を見極めるということになるのです。質問の内容によって研究結果が求める結果と大幅に変わってしまうことは当然にあります。そのため自分自身が何を調査し，何を明確にしたいのかがはっきりしていなければ苦労して得たデータがまったく役に立たないこともあり得ます。だからこそ，質問項目の内容の吟味に関わる内容的妥当性の重要性は大きいのです。もちろん質的研究や調査においてはその場でまたは分析後，新たな質問項目内容が加えられ，さらに調査が深まっていくということもあります。精度の高い質問内容があるからこそさらに精度の高い研究の深化へ進むと考えるといいでしょう。

(b) 基準関連妥当性

併存的妥当性と予測的妥当性を併せて基準関連妥当性と言いますが，基本的には併存的妥当性として名称を使われることのほうが多いようです。併存的妥当性は，自分の作成した質問項目（群）と"関連性のある他の基準の質問項目（群）"とが本当に関連性があるのかをみるものです。例えば"数学が得意"を測定する質問項目群（仮に"数学得意尺度"）を作ったとして，それに関連性があると思われる質問項目群（仮に"数学の優秀性尺度"）があるとするならば，それらがしっかりと相関関係があるのかを捉えるものです。

一方，これまでに何度も行なった"数学得意尺度"得点（最小0，最大100）の結果で，数学の学業成績にCばかりとなってしまう人の平均得点が50を超えていないことがわかったならば，数学得意尺度の平均得点が49以下の場合は，数学が得意でないと予測できるものを予測的妥当性と言います。

(c) 構成概念妥当性

構成概念妥当性とは妥当性全般を示す曖昧な表現です。とりわけ，理論的に予想される仮説と実際の結果の当てはまりがあるかを確認していく作業という意味があります。例えば，先ほどの数学が得意な人の性格傾向に「分析性格」「客観性格」があるとする仮説が考えられるならば，これら2つの性格傾向の高さと数学得点の高さがモデルとして成立するのかを示していくというものです。この分析方法には，後ほど紹介する因子分析（各質問項目に共通する因子〔分析性格と客観性格〕があることを分析する方法）による因子的妥当性の検証とパス解析を用いて，さらに因子分析結果を検証する確証的因子分析（検証

的因子分析）という方法があります。また明らかに関連性のない尺度との相関分析から実際に相関関係がないことを示す弁別的妥当性という方法や，実際に数学が得意な人と得意でない人との得点差を検証する方法もあります。なお併存的妥当性と同様の検証をこちらでは収束的妥当性としています。

　なお信頼性と妥当性の検証の前に，作成した質問項目が，バランスのいい得点区域を示せるものであるかをみるために，つまり偏った質問項目がないかをみるために，質問項目の回答結果の平均得点と標準偏差（詳細な解説は後ほど）から判断する方法があります。例えば，評定法で1～5の選択肢を設けていた質問項目の平均得点結果が1または4で，どちらの標準偏差も±2（これは平均得点±2の間に68％の人が入るということをみています）だったとした場合，単純に1±2と4±2では－1または6という評定法の選択数値にない回答結果が存在することになります。このように存在しない範囲にまで得点範囲が含まれてしまう場合は，質問項目が偏った回答を導くものになっていると判断できます。つまり，ほとんどの人が1または4に回答してしまうということです。そこで，偏りのない質問項目（群）を作るためにこのような質問項目を削除します。

4．調査の実施と回収

（1）質的調査と量的調査

　調査には，一人または少数の人に対する調査と大人数に対する調査があります。前者の場合，調査対象者が遠方に住んでいない限り，自らが少数の対象者に面接で調査を実施し，その場で回収することができるかもしれません。しかし後者の場合，たとえ近隣であっても300名や数千人の調査をすべての対象者に面接で行なうことは相当な労力がかかり，困難でしょう。

　このとき，先にあげたような調査テーマを用いて説明すると前者と後者の面接の特質がさらに理解できます。「職場であるA施設の利用者に人気のあるお

かず」を調査するならば"A施設の人たちのみ"の調査になり,「日本人の食事で最も食するおかず」を調査するならば"日本人全員"の調査になり,1つのまたは少数の事象をじっくりと理解する前者は"質的な調査",他の誰にでも当てはまるような客観的な事象を理解する後者は"量的な調査"と捉えます。

とくに前者のようなテーマは,"特別な意味"を持つマイノリティ（少数）な集団を対象として行なわれ,最終的には"事例"や"実践"の報告として発表されることがほとんどです。後者のようなテーマは,マジョリティ（多数）な集団を対象として行なわれ,最終的には様々な統計分析を用いて"原著論文（新たな知見を厳格な基準に基づいて示す論文）"や"研究ノート（原著論文ほど厳格な基準を設けずに新たな知見を示す論文）"という報告として発表されることがほとんどです。この"特別な意味"とは,もともとの対象者全体の数（母集団；母数）が少ないことを指し,「A刑務所出所者の失業の要因」というように多くの人々を対象としたくとも省庁の協力がなければ簡単に実施できないような意味も持ちます。つまり単に少数だから質的な調査というよりも"貴重な""先駆的な"意味で質的な調査と解釈されます。

そのため,「失業の要因」の調査を10名程度しか労働者がいない自らの勤め先で行なっても社会的にはあまり価値がなく,その施設のみで扱う対外性のない調査となるのです。ただし,勤め先が全国に数える程度しかない特色のある場であったり,扱うテーマを単に「失業の要因」でなく「父子家庭要因による失業への影響」（あくまで例です）というように,これまであまり検討されていないテーマ設定等を行なうならば,特別な意味が出て話は別となるのです。

表4-5は質的調査と量的調査の違いを調査プロセスごとに示したものです。両者の違いの把握として活用してみましょう。

（2）調査実施方法

調査実施方法にはいくつかの側面がありますが,大きく分類すると,①調査の範囲（全数調査か標本調査か）と,その②抽出方法,そして③対象への実施方法としての側面に分けることができます。

表 4-5　量的調査と質的調査の比較——例

	量的調査	質的調査
理論の予測方法	演繹的（客観的：科学的） ⇒自然科学的とも言われる。 前提となる理論を踏まえ仮説を導き出す。 （例：看護師はどのような性格傾向の人が多いのか，これまでの100以上の研究では ABCD があるとされているが，看護師に最も多いのは A とされているため A と仮定する）	帰納的（主観的：実証的） 個々のデータや実証から仮説を導き出す。 （例：性格傾向 A の看護師はどのような性格なのか，インタビューにより，性格傾向 A は10名のうち 6 割は真面目な発言があったため，性格傾向 A は真面目な可能性がある）
調査対象者	大規模な範囲から無作為（ランダム）に抽出（サンプリング）される。	小規模な範囲から具体的ケース（事象・性質・人・モノ）に合わせて有意に抽出される。
調査方法	仮説（これまでの理論）をもとにした調査なため，仮説の正否を捉えながら調査する。これまでと同じ結果を導き出す調査もあるが，これまでと異なった視点を加えて独自性のある調査結果を導き出すことが 1 つの特徴。質的調査では示せない対象の一般的傾向を理解する。 【アプローチ過程】（1）調査用紙等を活用，（2）調査内容をデータ化していく，（3）データを分析する，（4）仮説と照らし合わせ，さらなる仮説を導き出す。	可能性を導くために対象者の実情をより理解できる方法で検証する。例えば実験室で他の刺激が入らないような場所で対象を検証する。別の方法では，地域の中に入って，様々な刺激の中にある対象を検証する。新たな仮説（新たな理論）を導き出す調査なため，対象の 1 つ 1 つの状態を様々に捉えながら調査する。これまでにない独自性のある対象の調査結果を導き出すことが 1 つの特徴。量的調査では示せない個々特有の特性を理解する。 【アプローチ過程】（1）対象の在り方・考え方に着目，（2）対象が他の対象とどのような作用を起こしているか，（3）対象の在り方・考え方の背景にあるもの，作用の結果生み出されているものを導き出す。つまり新たな仮説（理論）を導き出す。
数値化とデータの質：尺度との関連性	【数値化】調査内容を量的な分析ができるように数値（例，1：おいしくない，2：ふつう，3：おいしい等それぞれ）で割り当てる。 【データの質】データの質は，「量的データ」と「質的データ」がある。量的データは，大きさの順位をつけられるもの（例，500円＜1000円；1：おいしくない＜3：おいしい）であるが，1：おいしくないと，3：おいしいの"差"は人により異なるため，お金のように等しい金額の差を示すものではない。また量的調査でも質的データがおおよそそれは質的データと量的データとの関連性を理解するためにある。 【尺度】 （1）名義尺度：男性＝1，女性＝2；A クラス＝1，B クラス＝2，C クラス＝3 と質的データを数量化する。 （2）順序尺度：人気の順番，マラソンの順位など順序を意味するデータ （3）間隔尺度：温度（摂氏）や西暦など，順序尺度に加えて間隔の長さが等で意味があるデータ，ただし足し引きに同じ意味を示さない（例：西暦1500年から500年前と2000年から500年前とでは，その内容性が異なる） （4）比例尺度：重さや時間など，"0"の本質的意味があるデータ。「1：おいしくない，2：ふつう，3：おいしい」という調査内容は，実際は順序尺度や間隔尺度だったりするが比例尺度と仮定して扱う。	【数値化】調査内容を質的な分析ができるようにカテゴリー（例：食事で大切にすることをおいしさに関する群と食事時間に関する群等それぞれ）で割り当てる。 【データの質】データの質は，すべて「質的データ」と言えるが（例：海沿いの人ほど朝が早い，山沿いの人ほど菜食というのは量的データ化ができない），出てきた頻度を数量化することもある（例："おいしい"という言葉が20回出てきた等）。この場合，「量的データ」となり得る。 【尺度】"おいしい"などの言葉そのものが尺度となる。この他，研究目的として「人の感情や行動等がなぜ生起するのかの明確化」があれば，"個人の気持ちの動向"が尺度的な指標となり得る。
分析方法	統計解析を用いる。相関分析，重回帰分析，因子分析，分散分析，パス解析等。	質的分析方法を用いる。例として事例解釈，KJ 法，グラウンデッド・セオリー・アプローチ等。
因果関係	仮説に沿って因果関係を検証していくため，仮説によって異なるが，仮説が予測通りに明示できない場合，新たな仮説を導き出す必要がある。因果関係を仮定しても明らかにそれを客観的に言及できない場合，結果として相関関係または関連性があるというのに留まるのが一般的である。	対象の状態から因果関係を導き出す（自分で作物を育てている人ほど食べ物を大事にする：作物の育て⇒食べ物大事にする）。とはいえ，必ずしも因果関係を導き出す必要はなく相互関係で対象を理解することが求められもする。
結果	多くの人々に対して一般化できる。多くの人に活用できるという標準化を示せる。	個々の実情が理解できる。個々の事例に対して状態や行動等の形式化を示せる。
考察	なぜそのような結果が出たのか，これまでの知見や経験から客観的に説明をしていく。結果と考察を混同することがあるため要注意であるが，結果は結果そのままに記載し，それについてどう調査実施者が考えたのかを示すのが考察である。 　結果　犬が彼女の前に来ると必ず 3 回吠えた。※結果は必ず過去形で考察は現在形で記述する。 　考察　以前彼女が 3 回吠えたときだけに餌をあげていたから餌がほしくて 3 回吠えるのかもしれない。	

第4章　社会調査の方法Ⅰ

❶全数調査と標本調査

　先に全数調査については，人口センサスに関わり説明しました。すべての調査が毎回対象となるすべての人に実施可能ならよいのですが，国勢調査等の大規模な調査を毎回行なうことは，費用面，時間面等において不可能と言えます。ただし，自らの施設等でサービスを提供している利用者のみを対象者のすべてとしたときは，より可能となることでしょう。つまり，調査対象となる人々の数がどの程度かによってその調査のしやすさが異なってきます。そしてこの調査対象者全体の集団を"母集団"と言います。調査対象者全体の数を母数と言うときもあります。

　社会調査では，母集団全体の調査をすることは上述のように極めて難しいため，統計分析を用いて標本集団から母集団の調査をしたときにおおよそ結果が等しくなるだろうと推測するところに1つの価値があります。なぜなら母集団全体を調査するほどの労力をかけずとも同様の結果が起こり得ると言及できるからです。そのため，この場合，統計分析のことを推測統計とも言います。ですので，質的な調査から質的な分析をすることよりも量的な調査から統計的（推測統計的）な分析をするほうが母集団を示す研究として多くの人々に当てはまる結論を導けるため客観性が高いと考えられているのです。

　ところで，母集団全体の調査が難しいことから母集団に属する一部の集団から調査を行なうことになりますが，この一部の集団を"標本"と言い，この標本を母集団から抽出することを"標本抽出"または"サンプリング"と言い，この標本に調査をすることを"標本調査"と言います。

❷標本抽出の方法

　標本調査においては，その標本がよりよく母集団を表す結果が導かれるように抽出されなければならないという考えがあります。これは現在では世界的に有名な調査機関ギャラップ（創業者 George Gallup）が，1936年大統領選挙（ルーズベルト当選）で，大規模な調査（100万人単位）を行なったリーダーズ・ダイジェスト誌が予想を外したのに対し，小規模な調査（数千人単位）しか実施していないのにもかかわらず当選結果を予測できたことから重要視された経緯があります。このときリーダーズ・ダイジェスト誌は電話調査を行なっ

たのですが，当時，電話を所持する家庭は限られていたため一部の偏りのある層だけの標本抽出となってしまったのです。一方でギャラップは各地域を平等に割り当て，さらに偏りのない標本抽出（ランダムサンプリング）を行なったのです。

このことから，標本抽出（つまりサンプリング）を行なう方法により調査結果は異なる可能性があるため，抽出方法が重要と判断されるようになったので

表4-6　標本抽出方法★★

《確率抽出》 無作為抽出法（ランダムサンプリング）	《非確率抽出》 有意抽出法
〈単純無作為抽出法〉 母集団を示す住民台帳などを乱数表※やサイコロを用いて必要な数だけ抽出する方法。 つまり何らかの意図的（主観的）な抽出法（ランダムで選択された東京都でなく，自分が住むことから東京都を抽出する等）がなされていると有意になる。	〈割当法〉 各グループの構成比率に比例して標本を抽出（クォータ法とも言う）する方法。例えば東京都の男女の割合が4：6とするならばこれに倣い男女の抽出を行なう。比例割当法と言うこともある。ランダムでの割当法に基づく抽出は無作為に近づく。
〈系統抽出法〉 母集団を示す住民台帳などから一定間隔（3番と3の倍数等）で標本を抽出していく方法。	〈判定抽出法〉 母集団において最もそれを表している集団を抽出する。例えば，主婦が中心の顧客であるカフェの新メニュー検討のために男性でなく女性の主婦を抽出する方法。
〈多段抽出法〉 47都道府県をランダム抽出し，さらに選ばれた都道府県の市区町村をランダムに抽出し，労働している人をランダムに抽出する方法。なお二段で終わる場合は「二段抽出法」。	〈スノーボール法（雪だるま法）〉 少数の調査対象者から標本数を増やしていく方法。
〈層化抽出法〉 標本対象の側面を捉えて抽出する方法で，50万人以上都市（最初の層）のランダムの抽出，その抽出された都市の20代で携帯所持者をランダムに抽出する方法。多段抽出法の見方に，より具体性を持たせただけで，考え方は似ている。	〈応募法（募集法）〉 インターネットやTVなどにより不特定の人から意見（調査事項）を送ってもらう方法。
〈多段層化（層化多段）抽出法〉 上記，多段抽出法と層化抽出法を併せたもので，先に多段か，または層化のどちらを用いるかで名称が前後する。大規模調査では実質的に用いられる方法である。	〈縁故法〉 知人，友人，同僚など協力してくれそうな人を標本にする方法。便宜抽出法と言われることもある。
	〈偶然法〉 偶然的な機会を利用（街頭など）して調査する方法。

※乱数表とは，無作為に抽出された0〜9までの数字が並べられた表で，各数字が均等に割り振られたもの。

乱数表（一部）

```
9 5 6 5 1 4 2 8 9 6
2 1 4 9 7 4 4 7 6 1
9 5 3 4 2 3 1 2 4 1
3 6 3 5 3 6 7 4 0 4
… … … … … … … … … …
```

す。抽出方法には，より精度の高い偏りの少ない無作為抽出法（ランダムサンプリング），そして意図的に標本を決定する，または偏った標本を決定する有意抽出法の2種類があります。表4-6はこれら2つの種類ごとの抽出方法をまとめたものです。有意抽出は標本の少ない質的調査側にあると言えるでしょう。

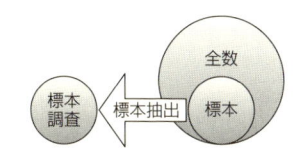

図4-4　標本調査イメージ

③調査実施方法★★

完成した調査票により抽出した対象者（標本）を調査するための方法として質問紙調査法，面接法，観察法という3つがありますが，さらに詳細な実施方法として表4-7の方法があります。

表4-7　調査実施方法一覧★★（山村，2010をもとに作成）

それを本人が回答しなくてはならないのか，関係者が回答してもいいのか	
〈自記式（自形式）調査〉 調査対象者が自ら回答を行なう調査方法。	〈他記式（他計式）調査〉 調査実施者が調査対象者を聞き取りして回答を記載する調査方法。調査対象者が子ども，障害者等で自ら記載することができないときに選択される。聞き取り役が調査実施者でなく，家族や関係機関となることもある。
繰り返して調査する必要があるのか	
〈縦断調査〉 年齢が同様の調査対象者（継時調査）または同じ調査対象者（パネル調査）を一定時間ごとに連続的に調査する方法。なお分析では，調査データを時間の違いにより比較分析する。調査者が何らかの介入（プログラム実施，参考観察等）の前後に調査することをA-Bデザイン，さらに介入した後に調査することをA-B-Aデザインと言う。	〈横断調査〉 調査対象者に1回調査する方法。なお分析では，年代等の異なる調査対象者を比較分析する。つまり横断調査では他の人同士の比較なので，実際にその結果が同一対象者の時間経過後の比較結果と同一になるとは限らない。
〈パネル調査〉 調査対象者（集団）を厳格に固定して繰り返し同じ質問を何度も行ない正確な変化を捉えて調査する方法。厳格な縦断調査で視聴調査ということもある。	※コーホート分析：同時期に同様な体験をする人々の集団（Cohort）が，時間の経過とともに彼らの行動様式や思考などにどのような変化が生じたのか，時系列でデータを収集することを通じて，これを明らかにすること。つまり「同一者の時間（時代）比較」「他者との同年齢比較（例：10年前と現在の20歳の比較）」「同一時点の他者との世代間の比較（例：10代，20代，30代の比較）」の3つの要因で分析する。これらを相互に併せて分析することもできる。縦断調査と横断調査を組み合わせた分析方法。

(a) 質問紙法（質問紙調査：調査実施から回収方法まで含む）

郵送調査：調査用紙を送付し，回答後，返信用封筒で返信してもらう調査方法です。規模の大きい量的調査で実施されます。平成26年度「全国世論調査の現況」（内閣府）で最も活用されていました（全体の約70％：1424件）。

留置調査：調査用紙を渡しておき，後に回答した調査用紙を回収しにいく調査方法です。比較的一部の地域に行なわれた対象者の多い量的調査で実施されます。

電話調査：調査対象者に直接電話をかけて話を聞きながら行なう調査方法です。調査をしながら，気付いたことを質問できることもあり，ほぼ質的な調査で実施されます。ただし，調査対象者側の可能な時間帯に左右されるため労力がかかります。ところで，1990年代，単に電話帳に頼ってサンプリングする調査では，電話帳に掲載していない世帯を対象とできなかったことから，2000年前後，市外局番一覧に対応する電話番号をすべて均等な確率で抽出して世帯をサンプリングし，さらに一般世帯の対象者をサンプリング（これらは多段抽出）するRDD法（Random Digit Dialing）が登場しました（中川，2008；佐藤，2006）。ただし，電話を受けた方が必ずしも調査対象者とはならないことも含め，世帯内での調査拒否が多かったり，一般加入電話番号を対象とし，携帯電話番号やIP電話番号は対象としていないため，固定電話が減少している近年その課題が出ています（中川，2008）。

ソシオメトリックテスト：集団の構造を明らかにするためにモレノ（Moreno, J. L.）によって創案された検査法です。例えば，誰と同部屋になるのがよいか，悪いか，それぞれ3名まで列挙させ，誰が誰に好意や嫌悪を抱いているかを明らかにするもので，テストの結果により部屋がえ等をする前提があります（外林ら，

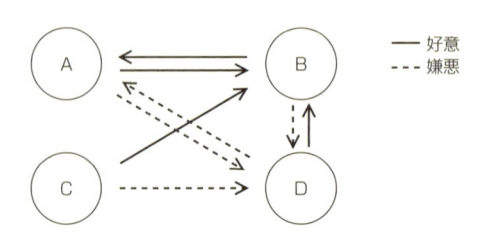

図4-5　ソシオグラム例（外林ら，2000）

2000)。この人間関係を図示したものをソシオグラムと言います（図4-5参照）。
(b) 面接法（面接調査）
　実際に調査対象者と対面で話を聞きながら行なう調査方法です。事前に決められたことだけを調査する<u>構造化面接</u>，決められたこと以外に必要な事柄を聞くこともできる<u>半構造化面接</u>，そして自由に様々な事柄を聞くことができる<u>自由面接</u>とに分けられますが後者ほど質的になります。調査対象者に時間，場所等を合わせる必要があるため最も労力の必要な調査方法ですが，面接しながら対象者の表情や態度，つぶやきなども調査事項として入れられるため調査として対象者の情報を最も得られます。そういう意味では最も質的な調査方法と言えます。なお面接調査に近いものとして，対象者集団に1つの会場に集まってもらい，調査者が調査票を配って説明をし，記入してもらう集合調査もあります。効率的ですが規模により調査内容の理解度等の違いもあり，結果に偏りが出る可能性もあります。この他，面接時の状況を記録するテープ録り（音声や映像記録）がありますが，グループ面接でテープ録りできない場合，司会者・記録者・観察者などがいるほうが情報（データ）収集にとってよりよいでしょう。
(c) 観察法（観察による調査）★★
　人為的な統制を行なうかどうかという見方である自然観察法（統制なし）と実験的観察法（統制あり），調査対象者に関わるか関わらないかという見方である参与観察法（関わりあり）と非参与観察法（関わりなし）の2つの捉え方があります。捉え方の違いはありますが，自然観察法と非参与観察法は同様のことを言っているとも言えます。
自然観察法：調査対象に人為的な統制を加えず日常行動をそのまま観察します。通常，観察法という場合は自然観察法をさします。
実験的観察法（統制的観察法）：心理学的な実験などで情報を遮断したり，他者からの関わりのない中で一定のストレスを与えたりすることでどのような心理的・行動的変容等が起こるかを観察する方法です。ある作業やテストの結果を得る実験では"実験法"として調査法と分けます。
参与観察法：その地域の動向を捉えるものとして実際に研究対象者（個・集団）に関わりながら観察していく方法です。民族等に密着（体験取材）した参

与観察がエスノグラフィー（民族誌）と言われることもあります。

　このとき，研究対象となる地域住民に積極的に関わりながら住民とともに地域の問題を解決する方法を探索することをアクションリサーチと言います。アクションリサーチでは，調査のデータ収集と分析をしながらさらに明確にすべき事柄に必要な新たなデータを収集していく考えもあります。この新たなデータの収集が問題解決へと導く一手段の方法でもあります。グループ・ダイナミックスの創始者であるレヴィン（Lewin, K.）によって提唱された参与観察法の1つです。

非参与観察法：調査対象者の活動に参加せず客観的に観察する方法です。観察室から調査対象者の言動を観察し記録するものなどがあります。観察室では，マジックミラー越しに観察するもの（調査対象者から見えない部屋にて調査対象者を観察する方法で"ワンウェイミラー"も同様の意味）があります。

　データ収集方法としては，ある特定の行動を観察する「事象見本法」（例：会話の反応の仕方の観察），ある一定の時間内での行動の有無や頻度（例：笑顔が出るか，何度友だちに話しかけるか）を観察する「時間的見本法」など観察対象を特定する仕方があります。また，ビデオ撮りや筆記記録（逐語記録に落としていくことをトランスクリプションとも言う）による収集方法など，観察法のデータ収集方法は様々です。調査者が観察法や面接法で記録したノートで，ちょっとしたメモなども含まれ，最終的な報告書となるエスノグラフィーや，モノグラフ（ある特定の対象について総体的に調査・分析された一冊のレポートや論文）の基礎資料となるフィールドノーツというものもあります。

第5章
社会調査の方法Ⅱ
─質的分析方法─

　得られたデータを分析する方法は，それが質的なデータか，量的なデータかにより大きく"質的分析"と"統計分析"との2つに分けられます。本章では質的分析を紹介します。

1．質的分析**

　質的分析の代表的な方法としては，KJ法，ドキュメント分析，会話分析，ライフヒストリー分析，ナラティブ分析，グラウンデッド・セオリー・アプローチがあります。

　この他，実務で用いる調査（職場内だけの活用で済ませる）というよりは，一般化（他の対象においても同様の結果が示せるというように自分の扱う事例を一般的なものとしていくこと）や特異的な事項（事例）の明確化（これまでにない知見を示すこと）を試みる研究レベルの質的分析に"事例研究"があります。ソーシャルワーカーにとって重要な分析ですので先に事例研究を見ていきましょう。

(1) 事例研究

　事例研究は，基本的には時間経過を通じてその時々の対象者の重要な変容過程をまとめ分析していく方法をとります。例えば，関わりを持った初期は対象となる中学生が反抗していたが，中期は関係性が築け，後期は自立へ向かったことをそれぞれ，「#1～#5　反抗期（事例研究では面接1回目～5回目を"#1～#5"で示したりする），#10～#17　関係構築期，#25～#30　自立期」というように重要な変容過程ごとにまとめ，考察していきます。「お前になんかに話せるか」などの実際の対象者の言葉を入れながら変容の変化をみていきます。

　ところで，事例報告は，ある対象者の事例について述べるものですが（多くは自分が関わった対象者とのやりとりの報告），事例研究は，様々な知見との比較や事例の一般化を試みる点で意義のある事例報告となります。演繹的仮説（これまでの知見から予測できる仮説）を証明しながらも新たな帰納的知見（事例からこれまでにない新しい視点，つまり新しい発見）を示せるものが事例研究と言われます。なおソーシャルワークでは，"実践報告"とか"実践研究"として扱う場合があります。

　このほか，被験者が1名の事例研究（一般に事例実験とされる）をデザインすることをシングルケースデザインと言います。これはもともと動物を用いて学習のプロセスを追求したスキナー（Skinner, B. F.）の実験的行動分析やそれを人間に当てはめた応用行動分析により確立されてきました（南風原，2004，p. 123-152）。研究者により，単一事例実験，N=1実験，シングルシステムデザインと呼ばれています。このとき介入前の状態をベースライン期，介入時の状態を処遇期として，この2つの時期を比較する方法をとり，一般にA-Bデザインとも呼ばれます。さらに処遇を終了した介入後の状況も捉えるA-B-Aデザイン，A-B-A-Bデザインなどがあり，一時的な介入の効果は認められることが多いため，その効果の持続性を問うための客観的な測定方法が奨励されています。なお，1つの処遇を数人に実施し，それらの効果を見て介入効果を図る多重ベースラインデザイン（被験者間多重ベースラインデザイン）もあります

(南風原, 2004, p. 123-152)。

　ナラティブ, エスノグラフィー等をドキュメント分析する場合も, 事例研究の1つの方法として含まれるときは, 上記の事例研究の条件にかなっていることが求められます。

（2）KJ法

　文化人類学者の川喜田二郎（イニシャルのK. J. を名称にしている）により考案された質的データの収集・分析方法です。あるテーマについて参加者が自由に記載した内容（1枚の紙に1つの事項を記載する等）を出し合い, 内容が似ている者同士をグルーピングして「見出し」（グループ名称）を作ります。そしていくつかのグループ名称同士の関連性を見つけて文章化・理論化していきます。KJ法は, ドキュメント分析やグラウンデッド・セオリー・アプローチ等, 質的分析に応用的に活用できます。

（3）ドキュメント分析

　ドキュメントとは「記録」「文書」のことで, 図書, 新聞, 調査結果, 日記など様々な記録物のことです。つまり, それらを通して分析を行なっていく方法がドキュメント分析です。例えば, 過去と現在の流行に関する記事内容の違いなどを比較する他, 日記を通じた心情や行動の事例分析, 分節した文書をKJ法によりグルーピングし, 意味づけをしていく分析, さらに単語や内容の頻度を量的に捉えるテキストマイニング（マイニング〔mining〕は探査・採掘の意味）等があります（データマイニングとも言います）。なおテキストマイニングでは, 大規模な記述データを定量化し, 様々なデータとの関連性を検証（発掘）します（例えば,「最新」という表現回数が多い人ほど, 高額品を購入する率が高い等の関連性を分析します）。

(4) 会話分析

　対象者の会話から，言葉の重要性や重さを理解したり，どのような感情や考えがその言葉から湧き出ているのか理解したり，また沈黙時に実は何を考えているのか，何を伝えたいのかを理解するために，生の会話だけでなく，映像や音声記録を通じて逐語化し分析する方法です。なお，ソーシャルワークでは，"プロセスレコード"というソーシャルワーカーと患者間における実際の言動とそのときの思いを逐語化する類似化した分析方法があります。

(5) ライフヒストリー分析

　対象者の語る生活史を録音し，逐語化し，歴史的事実に照らし，個人の生きる「意味の探求」と「事実の探求」を行ない，現実的に生きる意味や事実を再構成する分析方法です（高，2011を参考に記述）。この生活史の時期の焦点は個人の人生全体でも，戦時中から現在までという区切りのあるものでもよく，研究目的によって異なります。

(6) ナラティブ分析

　面接者の質問に答える対話形式で，調査対象者が自分史（つまり物語〔ナラティブ〕のこと）を語り，時系列や因果関係などを捉えながら，<u>これまでの生い立ち，現在の成り立ちの意味はどのようなものなのかを肯定的に再定義していく</u>ものです。つまり対象者の物語には意味があるという考えを前提とし，とりわけ，<u>その人が固執している否定的な物語（ドミナント・ストーリー）を肯定的な物語（オルタナティブ・ストーリー）</u>にします。例えば，"家族の介護により自分の時間を持てずに不幸な人生を送っていた"を"家族の介護により家族が本当に幸せな顔をしてくれた，家族の幸せが自分の幸せに繋がっているに違いない"と再定義していきます。社会構成主義の「人は自分を取り巻く世界や現実をありのままに捉えて，理解するものではなく，人は自分の持つ認識

の枠組みや知識を使って世界を理解し，自分なりの意味を生成する」という発想をベースにしています（秋山，2003）。KJ法やグラウンデッド・セオリーが収集したデータを細分化またはグルーピングしていく中で，もとの文脈と異なった新たな構造を見出すこともあるのに対して，ナラティブ分析では，そのままの物語に肯定的に新たな意味付けをしていきます。バイオグラフィー研究の1つとも言えます。

(7) グラウンデッド・セオリー・アプローチ（データに基づいた理論のアプローチ）

アメリカの社会学者グレイザー（Glaser, B.）とシュトラウス（Strauss, A.）が1967年に「データ対話型理論の発見」の中で発表した方法で，大規模な量的調査による一般化された理論を導くよりも，個々人に適した理論を導くことの必要性を説き，対象者の話し（テクストとなるもの）をデータ化し，データから概念（カテゴリー）を抽出し，概念同士の関係性から直接的に理論を導こうとするアプローチです。分析の最終目標は理論を作り上げることで，個人理解の研究のための理論的アプローチとも言えるでしょう。データ収集からデータ分析を行ない，さらに必要なデータを収集し分析していく方法をとります。2段階目，3段階目のデータ収集は対象を変えることもあります。1つの理論を導くには30名以上がよいと言われているようです（戈木グレイヒル，2010）。本アプローチには，同名称でも異なったプロセスをとる場合があります。本書では，主にシュトラウスとコービン（Corbin, J.）のプロセスに立ち紹介します。

具体的な分析方法については，図5-1を見ながら以下の文章を確認していきましょう。

①オープン・コーディング

(a) 切片化：テキストをディメンションに分節する

まず収集されたデータであるテクスト（会話文）を逐語に起こし，テクストを単語や動詞等の言葉や内容ごとに細かいデータに分節（切片化と言います）

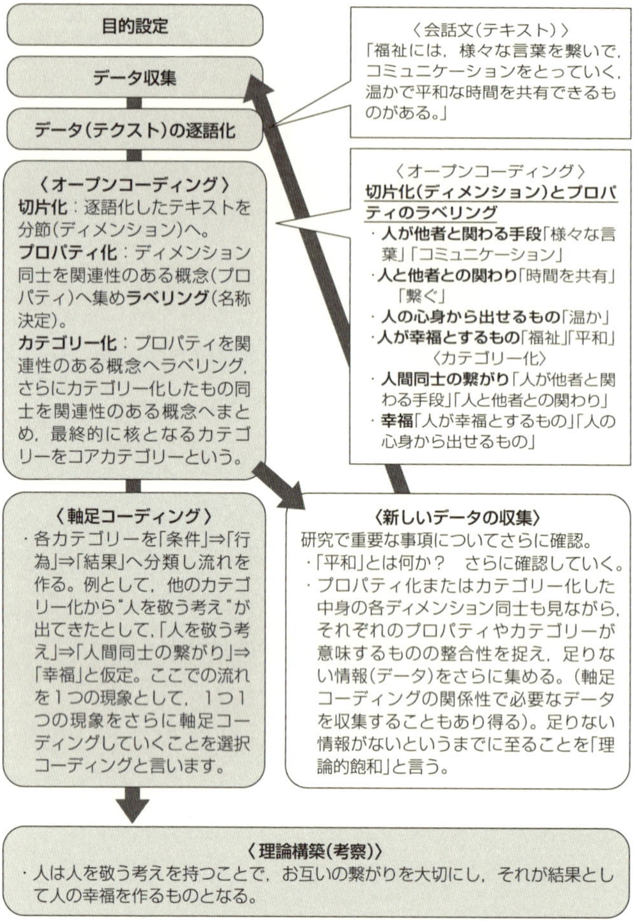

```
┌─────────────┐
│   目的設定   │
└──────┬──────┘
       │              ┌─────────────────────────┐
┌──────▼──────┐       │〈会話文(テキスト)〉      │
│  データ収集  │◄──────│「福祉には，様々な言葉を繋いで，│
└──────┬──────┘       │コミュニケーションをとっていく，│
       │              │温かで平和な時間を共有できるも│
┌──────▼──────────┐   │のがある。」              │
│データ(テキスト)の逐語化│   └─────────────────────────┘
└──────┬──────────┘
       │                    ┌──────────────────────────┐
┌──────▼──────────────┐     │〈オープンコーディング〉    │
│〈オープンコーディング〉│     │切片化(ディメンション)とプロパ│
│切片化:逐語化したテキストを│◄────│ティのラベリング            │
│分節(ディメンション)へ。│     │・人が他者と関わる手段「様々な言│
│プロパティ化:ディメンション│     │　葉」「コミュニケーション」    │
│同士を関連性のある概念(プロ│     │・人と他者との関わり「時間を共有」│
│パティ)へ集めラベリング(名称│     │　「繋ぐ」                  │
│決定)。              │     │・人の心身から出せるもの「温か」│
│カテゴリー化:プロパティを関│     │・人が幸福とするもの「福祉」「平和」│
│連性のある概念へラベリング，│     │　　　〈カテゴリー化〉       │
│さらにカテゴリー化したもの│     │・人間同士の繋がり「人が他者と関│
│同士を関連性のある概念へまと│     │　わる手段」「人と他者との関わり」│
│め，最終的に核となるカテゴ│     │・幸福「人が幸福とするもの」「人の│
│リーをコアカテゴリーという。│     │　心身から出せるもの」       │
└──────┬──────────────┘     └────────────┬─────────────┘
       │                                  │
┌──────▼──────────────┐     ┌────────────▼─────────────┐
│〈軸足コーディング〉    │     │〈新しいデータの収集〉      │
│・各カテゴリーを「条件」⇒「行│     │研究で重要な事項についてさらに確認。│
│　為」⇒「結果」へ分類し流れを│     │・「平和」とは何か？ さらに確認していく。│
│　作る。例として，他のカテゴ│◄────│・プロパティ化またはカテゴリー化した│
│　リー化から"人を敬う考え"が│     │　中身の各ディメンション同士も見ながら，│
│　出てきたとして，"人を敬う│     │　それぞれのプロパティやカテゴリーが│
│　考え"⇒「人間同士の繋がり」⇒│     │　意味するものの整合性を捉え，足りな│
│　「幸福」と仮定。ここでの流れ│     │　い情報(データ)をさらに集める。(軸足│
│　を1つの現象として，1つ│     │　コーディングの関係性で必要なデータ│
│　の現象をさらに軸足コー│     │　を収集することもあり得る。足りない│
│　ディングしていくことを選択│     │　情報がないというまでに至ることを「理│
│　コーディングと言います。│     │　論的飽和」と言う。          │
└──────┬──────────────┘     └──────────────────────────┘
       │
┌──────▼──────────────────────────────────────┐
│〈理論構築(考察)〉                              │
│・人は人を敬う考えを持つことで，お互いの繋がりを大切にし，それが結果とし│
│　て人の幸福を作るものとなる。                    │
└────────────────────────────────────────────┘
```

図5-1　グラウンデッド・セオリー・アプローチ展開図
(戈木グレイヒル，2010をもとに作成)

します。この切片化における1つのデータをどこで区切るかについては(区切られた1つのデータをディメンションと言います)，主観的になるため，意味のある概念へ導くためにテキストの読み込みがしっかりなされていなければできません。つまりどこが適切な区切りとなるかの判断は後の分析にとても重要な事項となります。

　しっかりと元々のデータ(会話文)を理解し各ディメンション(一番小さい

データの名称）に分けて分節することで切片化し，プロパティ（ディメンションが合わさった群の名称）化，カテゴリー（プロパティが合わさった群の名称）化，コアカテゴリー（カテゴリーが合わさった群の名称）とミクロ分析からマクロ分析（概念化のこと）をしていきます。なおプロパティとディメンションの関係性は，形と四角や丸，長さと30cm，金額と3000円というようにプロパティのほうが抽象度が高いものです。つまりコアカテゴリーは最も抽象度が高いと言えます。

以下のテクスト（会話文）で確認してみましょう。

『福祉には，様々な言葉を繋いで，コミュニケーションをとっていく中に，温かで平和な時間を共有できるものがある。』

を切片化すると『福祉には，[1] 様々な言葉を[2] 繋いで，[3] コミュニケーションをとっていく中に，[4] 温かで[5] 平和な[6] 時間を共有できるものがある。[7]』とそれぞれに分けられます。もちろん調査の意図（情報の読み込み）により，どこで分節されるかは異なります。またここではわかりやすく1つの言葉を切片化していますが，しっかりと情報を読み込むことで重要と思われないテクスト（会話の文章）は扱わなかったり，1つのテクスト（会話の文章）を1つのプロパティとしてラベリングしてもいいのです。

さて，ここで，「平和」とは何か？ さらに確認していったり，「時間を共有」の時間（温かな時間とは？ 平和な時間とは？）とはどのような時間なのか？ など様々に切片化されたテクスト内容について再度データ収集してもよいのです。意味のある事項，データとして必要である事項の内容をさらに深めていき，それ以上に深まらない状態（理論的飽和）まで収集します。

(b) ラベリング：ディメンションをプロパティへまとめる

　　プロパティ1：<u>人が他者と関わる手段</u>：「様々な言葉」「コミュニケーション」
　　プロパティ2：<u>人と他者との関わり</u>：「時間を共有」「繋ぐ」
　　プロパティ3：<u>人の心身から出せるもの</u>：「温か」

プロパティ4：**人が幸福とするもの**：「福祉」「平和」
※上記の下線部が"名称付け"となるラベリングです。

そして次にすることは，それぞれに切片化した各ディメンションを同様の名称になるものとして集めていきます（プロパティを作る作業）。そしてプロパティの集まりを集めてラベリング（名称付け）し，さらにプロパティの集まりを集めてラベリングすることをカテゴリー化と言います。

②カテゴリー化
　　カテゴリー1：人間同士の繋がり
　　　　　　　　「人が他者と関わる手段」「人と他者との関わり」
　　カテゴリー2：幸福（充実した状態）
　　　　　　　　「人が幸福とするもの」「人の心身から出せるもの」

このようにカテゴリー化をしていくわけですが，他のテクストからカテゴリー化してきたものと合わせて，テクスト全体（会話全体の各テクスト）の関連性を捉えていくのが次のステップです。例えば，他のテクストから（または新たなデータ収集から）新たなカテゴリーがさらに出てきたとすると（カテゴリー3：人を敬う考え），次に行なうのが軸足コーディングです。

③軸足コーディング
　前述までに概念化されたカテゴリーにおいて「条件（原因のこと）」⇒「行為」⇒「帰結（結果のこと）」という因果関係に当てはめることを軸足コーディングと言います。もちろんいくつものカテゴリーがあれば，いくつかの「条件⇒帰結」の流れができたり，その帰結が条件となってさらに別の帰結へ結びつくこともあるでしょう。ここでは以下のような流れが考えられます。最終的にこの流れの理論を構築していきます。

条　件　　　⇒　　　行　為　　　⇒　　帰　結
人を敬う考え　　　人間同士のつながり　　　幸福

　ここでは，"人を敬う考え"を持つ人は"人間同士の繋がり"を築くことができ，それが結果として人々の"幸福"を生んでいくものとなる，というように解釈できるでしょう。このような解釈にカテゴリーやディメンションやプロパティが伴っているかを捉えることも大切です。なお本来は，軸足コーディングで捉えたものを1つの現象として扱い，1つ1つの現象をさらに軸足コーディングしていく"選択コーディング"をしてから理論構築へ至ります。この他，核となるカテゴリーを決め（コアカテゴリー），それに関わるカテゴリー（サブカテゴリー）との関連から理論構築する方法もあります。

　ところで，心理学では，いくつかの同様の調査から対象者の知能や特性を理解しようとする方法を**テストバッテリー**と言いますが，質的調査・分析の妥当性を高めるものとして，さらなる質的調査や量的調査等様々な観点から客観的に対象者理解や研究目的の解明をしようとする方法を"**トライアンギュレーション**"★と言います（あくまで質的調査の質を高めるという目的）。グラウンデッド・セオリー・アプローチは，他のプロパティやカテゴリー，ときにディメンションからの関連性を見ながら，1つのプロパティやカテゴリーに関する情報をそれまでの対象者以外の人も含めて収集し，客観性を持たせて，理論的飽和に至るまで調査を繰り返す点から，トライアンギュレーション的な調査・分析方法と言えるかもしれません。

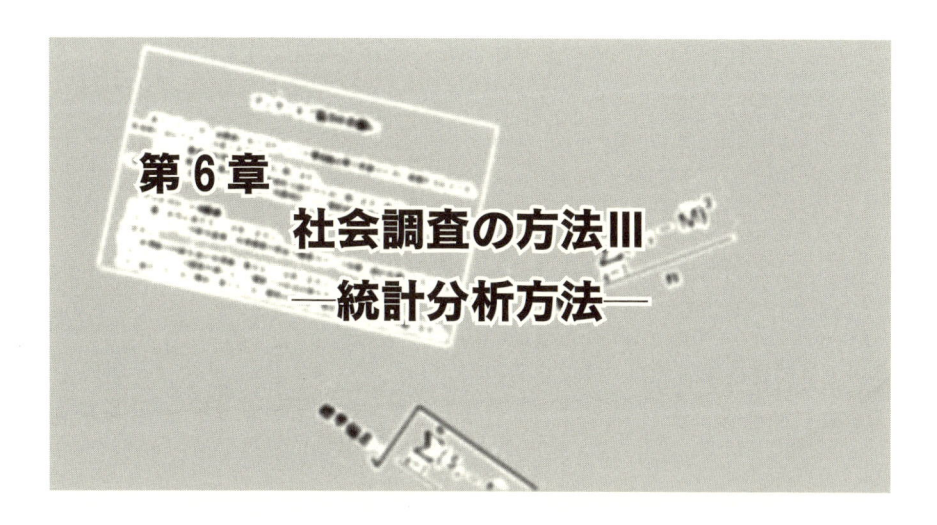

第6章
社会調査の方法Ⅲ
―統計分析方法―

　第5章の冒頭でも述べたように，得られた情報を分析する方法は，それが質的なデータか，量的なデータにより，大きく"質的分析"と"統計分析"との2つに分けられます。本章では，統計分析を紹介します。

1．調査票の集計

　統計分析を行なうには，おおよそ質問紙調査により調査票を用いたデータ収集となります。集めた調査票を分析するためには，結果を数値化し集計していく必要があります。順番は，調査結果を取捨選択するエディティング，調査内容を数値化するコーディング，コーディングによって数値化されたデータの入力，間違いがないかを捉えるデータクリーニングです。もちろん質的分析方法で入手されたデータを数値化し，統計分析をしていくこともあります。なお統計分析ソフトにはいくつかありますが，操作しやすいソフトとしてはIBM社が販売しているIBM SPSS Statisticsが大学等のアカデミックな場等で多く用いられています。またSAS社が販売しているSAS Analyticsは企業等のビジネスソリューション等で多く用いられています。より扱いやすいのはSPSSで，多くの参考書が販売されています。例えば，『超初心者向けSPSS統計解析入

門』（米川和雄・山﨑貞政著，北大路書房）を参考に本章等も記載されています。そのため，具体的な統計分析の手順はぜひそちらを参考にご確認ください。

（1）エディティング

　回答された調査票について様々な点検をすることです。調査回答のほとんどが無回答だった場合や，意図的な回答の間違い等があった場合にその回答結果を使用するかを取捨選択します。また無回答のところを補正して回答があったものとして数値を割り当てることも含まれます。補正しすぎると分析に影響を与えるということもありますが，それ以前に補正そのものは本来の回答結果と異なる可能性が高いためお勧めはできません。また1つの選択問題に2つの○が付いている場合，どちらにするか等，規定を決めることも含まれます。

（2）コーディングからデータ入力

　事前に調査票の回答欄に数字等を割り当て，後のデータ入力や分析に扱いやすくする"プリコーディング"と調査票の回収後にID番号記載，回答・無回答の数値化，そして回答欄を逆転数値にする数字の再割り当て等をする"アフターコーディング"からなります。なおグラウンデッド・セオリー・アプローチのコーディングと混同しないようにしましょう。
　例えば，図6-1左の名義尺度となる問1と問2の調査結果をそのまま統計分析ソフトの表に記載してもいいのですが（高卒，大卒等と表に入れていく），統計的な分析をする前提であれば数値化していく必要があります（高卒＝1，大卒＝2，院卒＝3など）。そのため，分析をする必要のある名義尺度等のデータを数値に割り当ててから表に入れていきます（調査前か後かでプリかアフターかということです）。数値の再割り当ては，例えば，問3の質問は，仕事がとても楽しいほど数値が低くなっていますが，後の分析での解釈がしやすいように（数値が高いほど仕事が楽しい）逆転した数値をデータ入力時に割り当てていくことです。

第6章 社会調査の方法Ⅲ―統計分析方法―

```
問1）あなたの学歴を選択してください。
  （1）高卒　（2）大卒　（3）院卒
問2）あなたの職を選択してください。
  （1）低所得（300万未満）
  （2）中所得（700万未満）
  （3）高所得（700万以上）
問3）あなたの仕事の楽しさについてお答えください。
  （1）とても楽しい
  （2）すこし楽しい
  （3）あまり楽しくない
  （4）まったく楽しくない
```

回答者ID番号	学歴	所得	仕事の楽しさ
1	1	2	1
2	1	1	2
3	3	2	3
4	2	3	3
5	2	3	4
6	2	2	2
7	1	1	1
8	3	1	4
9	2	2	5
10	2	1	3

図6-1　調査票からデータ化

（3）データクリーニング

　数値の入力漏れ，入力ミスなどを修正していくものです。例えば，図6-1の右表のID番号9の回答者の「仕事の楽しさ」は"5"となっていますが。実際の質問は1～4までであり，5という回答はありません。このような点を，記述統計により最小値，最大値や欠損値（入力されていない項目数）を出しながら確認していくと特定しやすくなります。

2．統計分析

　"統計"とは広辞苑では「集団における個々の要素の分布を調べ，その集団の傾向・性質などを数量的に統一的に明らかにすること。また，その結果として得られた数値」とされています。このとき，統計分析には，記述統計と推測統計の2つからなる分析方法に分かれます（図6-2）。前者は，目の前の集団（抽出された標本集団のこと）の特徴，例えば1年1組の特徴を述べるというものです。違う言い方をすれば，抽出された標本集団を母集団とすれば，その母集団の状態を示すのが記述統計とも言えるでしょう。具体的な統計として，代表値（平均値，中央値，最頻値），そしてデータの散らばりの程度を示す散布度（四分位数，範囲，分散，標準偏差等）があります（詳細は後述）。単純

統　計

記述統計
1) 標本集団そのものの状態を示すもの
2) 代表値：平均値，中央値，最頻値
3) 散布度：四分位数，範囲，分散，標準偏差

推測統計
1) 母集団を標本から推測するもの
2) 仮説検定：様々な統計分析
3) 推定：点推定，区間推定

図6-2　記述統計と推測統計

な度数分布表やグラフなどで示されます。

　後者は，母集団を標本集団から推測するもの，例えば，1年1組の傾向・性質は，母集団（全国の1年生）においても同様の傾向・性質を示すと言えるかもしれないと推測するものです（仮説検定）。さらに加えれば，1年生と2年生の関連性をみるならば，標本同士の関連性があれば，母集団同士の関連性もあるだろうと推測するものです（仮説検定）。また1年1組の傾向・性質はおおよそある値をとるまたは範囲をとると推測するものです（推定）。具体的な統計として，様々な統計分析が含まれる"仮説検定"，母集団の値を定める点推定や母集団の入る範囲を定める区間推定という"推定"があります。本書では統計学というよりは実務的な社会調査に焦点を置いているため，とくに仮説検定を扱います。

（1）統計的分析方法：有意確率における帰無仮説と対立仮説★★

　統計的分析を行なうということは，様々な統計的検定を行なうことと同義です。統計的検定とは，統計的検定ごとに定められている分布（確率分布と言います）に従っていることを前提に，そのデータが確率的に意味があると言えるのかどうかを分析していくことです。確率分布には，正規分布，χ^2分布，t分布などがあり，それぞれに確率関数や確率密度関数と呼ばれる方程式に沿った値（数値）が示されています。推測統計，つまり統計的検定では，χ^2分布やt分布などが用いられます。現在では，パソコンの普及により1つ1つの値からどのような確率分布で捉えるかをみていくということが必要なくなりましたの

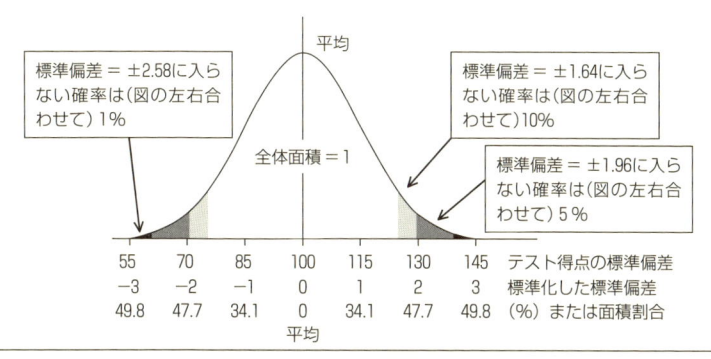

第6章 社会調査の方法Ⅲ―統計分析方法―

```
標準偏差＝±2.58に入ら          平均      標準偏差＝±1.64に入ら
ない確率は(図の左右合                    ない確率は(図の左右合
わせて)1%           全体面積＝1        わせて)10%

                                    標準偏差＝±1.96に入ら
                                    ない確率は(図の左右合
                                    わせて)5%

   55   70   85  100  115  130  145  テスト得点の標準偏差
   -3   -2   -1   0    1    2    3   標準化した標準偏差
  49.8 47.7 34.1  0   34.1 47.7 49.8 (%)または面積割合
                  平均
```

実際の検定では以下の基準で読み解く
標準偏差＝±1.64(信頼区間90%) ⇒ ここに入らない確率10%
標準偏差＝±1.96(信頼区間95%) ⇒ ここに入らない確率5%
標準偏差＝±2.58(信頼区間99%) ⇒ ここに入らない確率1%
⇒つまり，これらの標準偏差の範囲内に入らないのは，10%，5%，1%の確率でしか考えられないと判断し意味があるとする。t 検定では2つの，分散分析では3つの分布の平均値や散らばりの差を比較しているとするとわかりやすいかもしれない。平均が異なり標準偏差が小さいほど2つの分布は違う性質があると言える。

※信頼区間とは標本平均±(標準誤差×1.64～2.58)にて母集団の平均値が入る範囲を示すもの。

図6-3 正規分布と統計的検定の確率の意味

で，各検定結果を知るためには，どのような確率分布かを捉えるよりも，統計検定ソフトによる分析結果がどこにあるかを理解することが求められています。

なお最低限の理解が求められている正規分布について以下の特徴があります。母集団は正規分布に従うと仮定し，標本については，その標本数が多いほど母集団に近くなることから，この正規分布に従うと考えます。正規分布を図示すると，平均を中心とし，平均が最も高くなる"釣鐘状の形"をとり（つまり平均となる人が最も多く，平均より離れている人は少なくなるということ），平均＝0，分散＝1としたならば（これは（各値－平均）／標準偏差の結果から出た各値を1標準偏差＝1となるもので標準化と言います），標準偏差＝±1の中に入る人たちは＋1の側と－1の側の両方を足して34％＋34％＝68％とするものです。この他，この釣鐘状の面積＝1としたとき信頼区間100％と面積は同一の値となり，例えば信頼区間90％の場合，面積は0.9となります（図6-3）。

つまり，統計的検定を簡単に言えば，収集したデータを標準化したとき（平

均＝0，標準偏差±1の中に68％の対象が入る；正規分布を標準化した標準正規分布）のどのあたりに位置するか（標準偏差で言えばどこに位置するか）を理解し，明らかにその標準偏差が示すところの分布に入る人は少ないという場合に"意味がある"と判断する分析です。さらに言い換えれば，平均±標準偏差（標準化しない数値の場合）において，1.96または2.58×標準偏差の値を平均に加減算した値に入らない人は，明らかに異なった集団と言えます。この各検定時の分布（表）は，母集団の値がわかるときは正規分布（表），母集団の値がわからないときはt分布（表）など，その検定に定められた分布（表）を扱いますが考え方は同様と理解すればわかりやすいでしょう。

　このとき，統計的（確率的）に意味のある水準（有意水準）を10％にするか，5％にするかは，分析者の判断によりますが，一般的には5％以下を"有意である"と判断し，10％以下は"有意な傾向"として少し曖昧な表現となります。なおこれらを有意確率と言い，10％，5％，1％のそれぞれをその水準と言います。10％有意水準以下を"$p<0.10$（†：ダガーと言います）"，5％有意水準以下を"$p<0.05$（*：アスタリスクと言います）"，1％有意水準以下を"$p<0.01$（**）"というように論文等の記述や表で示します（括弧内は表で示す場合の記載方法）。つまり<u>その分析の結果に意味があるか（差があるか）どうかはこの有意確率を捉えていく</u>ことになります。なお$p≧0.10$の場合は，差が認められないことになり，$n.s.$（No Significant，つまり差がないを意味する）と記載されることがあります。

　上記のように，この有意確率は統計的検定では意味があるかどうかを判断するのにとても重要視されるのですが，この解釈の際に用いられるのが"仮説検定"という考えです。仮説検定は，帰無仮説と対立仮説を立てて，どちらが正しいかを判断するための仮説です。とくに仮説検定では，分析しているデータは"意味が<u>無い</u>""差なんか<u>無い</u>"という"<u>無</u>に帰る"という考えを前提に，それを棄却する対立仮説にて"意味がある""差がある"ということを示そうとするものです。対立仮説は厳密に言えば"意味がなくはない""差がなくはない"ということをみるものです。また言い方を変えるなら，「正規分布の標準偏差±1.96（95％もの人が入る分布）の中にどうせ入りますよ」ということ

が帰無仮説とすると"入らない"というのが対立仮説となります。

これを2群比較で例えるならば，猫と犬のどちらが賢いかをみようとするとき，帰無仮説は"どちらも差はない（つまり，賢さは等しい「2群の平均値と散らばりの差はない」）"で対立仮説は"差がある"というものです。このときに万が一差があったと言ってもどちらが賢いかは示していませんので，賢さの平均値をみてどちらが賢いかを理解していくことになります。なお実際の統計分析においては，検定内容により帰無仮説と対立仮説の設定が理解しにくいこともあるため，専門のテキストをみながらそういった理解をしていくほうがいいでしょう。

ところで，データの特性から有意でないのに"有意だった"と誤って判断してしまうことを"第一種の過誤（type Ⅰ error）"，一方で有意なはずなのに"有意でない"と誤って判断してしまうことを"第二種の過誤（type Ⅱ error）"と言います。分析者は，このような可能性があることを理解し，必ずしも分析結果が正しいとは限らないというように捉えていくほうがいいでしょう。

（2）記述統計（Descriptive Statistics）★★

①代表値：中心的傾向を示すもの

(a) 中央値：小さい変数（最も小さい各値）と大きい変数（最も大きい各値）から数えて中央にあるもので，中央が2つの場合はその平均

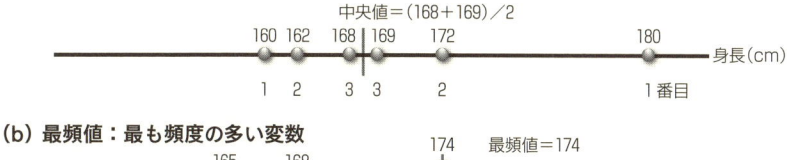

中央値＝(168＋169)／2
160 162 168 169 172 180 身長(cm)
1 2 3 3 2 1番目

(b) 最頻値：最も頻度の多い変数

最頻値＝174
165 168 174 身長(cm)
1 2 3 人数

(c) 平均値：全体の平均

計算式は以下です。

$$\frac{全体の合計}{回答者数} \quad つまり \quad \frac{1+2+3+4+6+7+9+11+12+14+15+17}{12人}$$

　　　　　　　　　　　　　　　平均値
　　　　　　　　　　　●●●●●●｜●●●●●●
　　　　　　　　　　1. 2. 3. 4. 6. 7. 9. 11.12. 14.15. 17.

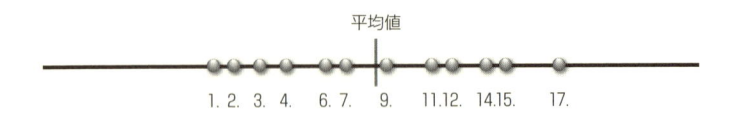

　代表値の中で他の数値と大きく範囲が開いている数値がいくつかあると平均の中心点をうまく表せなくなるのが平均値です。ほとんどの対象者が1〜10の回答をしている中で，1人だけ1200であれば，その平均値よりも中央値等のほうがその代表値（中心点）をよりよく表していると言えるでしょう。

②散布度：散らばり具合を示すもの

(a) 四分位数：変数を4等分したときの各値

　測定値を小さい順に並べたとき，小さいほうから25％目の値（下側四分位数または第1四分位数）と75％目の値（上側四分位数または第3四分位数）のことです。

　ある質問の回答者が100人いたら下から25番目の人，上から75番目の人の数値です。回答者が99人など奇数の場合は，25％の数値が出るため，25番目の数値と異なる人が入ることになります。<u>なお四分位範囲（第3四分位数−第1四分位数）は，その範囲にデータの半数が含まれるというものです。</u>

　四分位数にとても活用の意味が出るのは，尺度作成時のG-P（Good-Poor）分析（高位と低位の分析という意味）と言われる回答者について，下側四分位数（下の25％群）と上側四分位数（上の25％群）の比較で有意な差があるかを分析するとき等です。この他，対象者を半数ずつに分けた上位群と下位群の比較をして，各集団の違いを明らかにするときに用いられたりもします。

(b) 範囲：最小値と最大値の差

　最も小さい数値の回答（A君の海外旅行に行った回数1回）と最も大きい数値の回答（Z君の行った回数10回）の差（つまり範囲＝9となる）です。

(c) 分散（Variance）・標準偏差（SD：Standard Deviation）：変数が平均値からどの程度の範囲に収まっているかを捉えるもので，小さいほど平均値に近くまとまりがよい

　例えばある試験で，クラス全員が同じ点数であった場合（全員が平均値で

あった場合）のデータは，ばらつきがないので，標準偏差や分散は0となります。先に示したように，どの程度の範囲の人がその範囲に当てはまるかを示すとても重要な値です。分散，標準偏差は最低限の公式で理解できますので，電卓で計算できるようにしましょう。

まず標準偏差を理解するために基本となるのが"偏差"です。これは，偏差＝各値（S：Sample のことです）−平均値（M：Mean のことです）で表します（つまり偏差＝S−M）。そして次に出てくるのが"分散"です。これは，まずすべての各値（Sの1番目の人〔S_1〕から最後の番目，例えばn番目の人〔S_n〕まで）−平均値（M）を1つずつ出していきます（全員のS−Mのこと）。次にここで出た値（つまり各偏差のこと）をそれぞれに2乗して足していきます$(S_1-M)^2 + (S_2-M)^2 + \cdots (S_n-M)^2$。さらに2乗した偏差の合計を全被験者数（つまり標本数）のnで除するというものです。そして最後にここで出た分散の値をルートで計算したものが標準偏差です。図6−3で示されたように標準偏差で表せられる中に68％（1標準偏差は34＋34＝68％）の人が入るということを示すためにこのような計算が行なわれているのです。これらの公式は以下になります。

$$\text{分散} = \frac{\sum_{i=1}^{n}(S_i - \overline{M})^2}{n}$$

$$\text{標準偏差} = \sqrt{\frac{\sum_{i=1}^{n}(S_i - \overline{M})^2}{n}}$$

※Σは，1番目（iのことです）から最後の人となるn番目の人までの偏差の二乗を合計しますということを示します。

ところで，SPSS等の分析ソフトでは，母集団を標本から推測するための配慮として，上記式の分母は"n"ではなく，"$n-1$"で計算されています。

以下の3名の個人年収の練習問題で，標準偏差まで自分なりに結果と同じになるかを確認してみてください（表6−1）。統計ソフトによる計算と自らの計算の結果を比較する場合，分散の分母は$n-1$となる"2"で計算してください。

表6-1　平均から標準偏差までの表

個人年収	平均	偏差	偏差の二乗	分散	標準偏差
300	400	－100	$(-100)^2$	$\dfrac{(-100)^2+(+200)^2+(-100)^2}{3}$ $=20000$	$\sqrt{20000}$ $=141.42$
600	400	＋200	$(+200)^2$		
300	400	－100	$(-100)^2$		

※偏差をそのまま合計すると"0"になってしまい，平均からの散らばり具合がわからなくなるため，あえて二乗しています。
※1つの群の標準偏差だけでは，その散らばりのまとまり具体がよいかどうかは言いにくいですが2つの群の比較ができればどちらかのまとまりがよいかどうかの判断はしやすくなります。

③歪度と尖度

　先に示したように正規分布は釣鐘状の形態になりますが，取得したデータに偏りがある場合，左右にゆがんだり，上下にゆがんだりします。分布が右にゆがんだり，左にゆがんだりするのを見る指標として歪度(わいど)，上に尖っていたり，平べったいのを見る指標として尖度(せんど)と言われるものがあります。ばらつきが多いほど基本的な釣鐘状から形態が変わっていくということです（図6-4）。

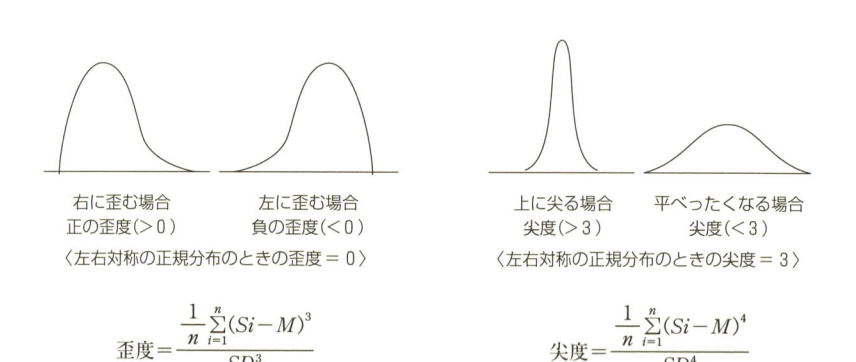

右に歪む場合　　　左に歪む場合
正の歪度（＞0）　　負の歪度（＜0）
〈左右対称の正規分布のときの歪度＝0〉

上に尖る場合　　　平べったくなる場合
尖度（＞3）　　　　尖度（＜3）
〈左右対称の正規分布のときの尖度＝3〉

$$歪度 = \dfrac{\dfrac{1}{n}\sum_{i=1}^{n}(Si-M)^3}{SD^3}$$

$$尖度 = \dfrac{\dfrac{1}{n}\sum_{i=1}^{n}(Si-M)^4}{SD^4}$$

※従来の統計では尖度＝3で正規分布であるが，SPSSでは尖度＝0で正規分布に調整されている。

図6-4　歪度と尖度の偏り

（３）推測統計（Inferential Statistics）：区間推定

　標準偏差は調査した標本の散らばり（平均値からの距離），1 標準偏差等の範囲（±1.96で95％が入る）にどれくらいの標本が入るかを示すものでしたが，標準誤差は，標本から推測する母集団が入る 1 標準偏差の範囲を示し，これは標本平均値からの母集団平均値が入る範囲（平均値 SE），またはある比率からの母集団が入る範囲（比率 SE）等を推定するものです（標本の30％が"Yes"と回答したら母集団は何％が"Yes"か）。なお一般に上記の範囲は区間推定として扱われ，平均値 SE に t 分布の値（95％信頼区間の場合，標本数から t 分布の値を捉えます），比率 SE に正規分布の値（95％信頼区間の場合1.96）等を用いて範囲（つまり推定する区間）を計算します。このとき，一般の社会調査では，全数調査の実施は不可能なことからほぼ母集団標準偏差は未知であるため，平均値 SE は正規分布でなく t 分布で区間推定をするのですが，SPSSでは平均値 SE も正規分布で計算されます。これは標本数が多ければ正規分布に近似するという考えからと言えます。例えば，標本の平均値12，標準誤差0.8なら，12±（0.8×1.96）の範囲（95％信頼区間で捉えた場合）に母集団平均値が入るだろうということになります。標準誤差を式で表すと以下のようになります。

　　平均値 SE ＝標本の標準偏差（SD）／標本数の平方根（$\sqrt{n}$）

　　　　　　　　　　　　　　　　　※母集団標準偏差（σ）は既知
　　　　　　　　　　　　　　　　　　未知の場合，右辺に t 値を掛ける

$$比率 SE = \sqrt{\frac{ある標本内の比率(p) \times (1-p)}{標本数(n)}}$$

※標本数（n）1000人のうち300人が番組Aを視聴していたとしたら，$p=300/1000=0.3$ となる。つまり $\sqrt{0.3 \times (1-0.3)/1000} = 0.014$ で，標準誤差は1.4％となり，30±（1.4×1.64〜2.58）％の範囲（区間）に母集団が入るとなる。

（４）推測統計：仮説検定

　仮説検定には様々な種類があり，どれがどのようなときに用いられる検定（分析）なのかは，一見するとわかりづらいですが，それは単に質的なデータ

表6-2 データの質と分析方法の関係

	分析名称	SPSS分析メニュー	原因となるデータの質	結果となるデータの質
質的データ関連性	χ^2検定	記述統計－クロス集計表	質	質
量的データ関連性	相関分析	分析－相関－2変量	量	量
平均の比較	t検定	平均の比較－独立したサンプルのt検定（対応なし）	2つの質（1つの変数）	量
	反復測定のt検定（反復測定のt検定や対応ありのt検定）	平均の比較－対応のあるサンプルのt検定（対応あり）	量（1つの変数）	量（原因となるデータと同じ対象）
	1サンプルのt検定	平均の比較－1サンプルのt検定（対応なし）	量（1つの変数）	量（母集団となるデータ）
	分散分析（1要因）	平均の比較－一元配置分散分析	3つ以上の質（1つの変数）	量
	2要因分散分析（2要因以上）	一般線形モデル－1変量	2つ以上の質（2つ以上の変数）	量
	反復測定の分散分析（3水準以上）	一般線形モデル－反復測定	3つ以上の量：量(1)→量(2)→量(3)（1つの変数を3回以上測定）※量(1)〜量(3)に差があるかを見る	
影響関係	回帰分析 重回帰分析	回帰－線形	質・量	量
影響関係（オッズ比較）	ロジスティック回帰分析	回帰－二項ロジスティック	量	2つの質（1つの変数）
潜在変数のグループ化	因子分析	次元文化－因子分析	共通因子	量（原因を予測）

※上記は，実務的な観点から因果関係で捉えている。実際，相関は双方向の関連性を示しており，因子分析は因果関係と捉えることも可能であるが，独立変数や従属変数の"見方に向かない"，"その概念ではない"とされたり（因果関係の結果により原因を予測しているが，推測的な概念の予測であり，各量的データを共通な因子ごとにまとめているだけのためと思われる），回帰分析は因果関係のもう1つの言い方である"影響関係"として国家試験に出る可能性がある。

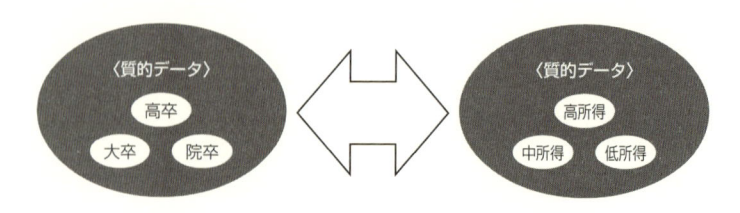

図6-5 χ^2検定：質的データと質的データの検定★★

と量的なデータのどちらを扱っているのかにより決まっているだけであり、その点を確認できればほとんどの分析は、変数同士（おおよそは2つの変数）の関連性を分析しているだけなのがわかります。なお質的データは名義尺度、量的データは比例尺度のことで、おおよそ順序尺度や間隔尺度は実務的に量的データとして扱われます（厳密にはデータの仮定により異なります）。

表6-2はSPSSを用いたときのデータの質と分析方法を示した米川・山崎（2010）の表を参考にしたものです。本書では、分析の概念を理解するためにどのような分析も仮説を設定し、因果関係で捉えていくという考えを持つことを推奨しています。なぜなら関連性の分析で終わるような研究は、"研究の質"としても高くないという実務的な考えから、さらなる分析の考えとなり得る因果関係を踏まえて意図的に「原因となるデータの質」と「結果となるデータの質」で示しているのです。もちろんだからと言って、因果関係があるとは必ずしも言えず、推測統計では因果関係を分析者が仮定しているだけであり、どの分析も関連性を見ているだけということ前提にしておく必要があります。

① χ^2 検定：質的データ×質的データ

χ^2（カイジジョウ）検定は、図6-5のように質的データ同士（それぞれ1要因3水準）の相互の関連性を捉えていくものです。因果関係はありません。実際に分析するデータは、表6-3のクロス表（対象者の分布を示す表）として明示できるようなデータの分析を行ないます。

χ^2 検定では、変数（人によって変わる数、ここでは回答が人によって違うということで、学歴と所得のこと）同士（つまり、学歴と所得の変数同士とい

表6-3 質的データ×質的データのクロス表

		所　得			合　計
		低所得	中所得	高所得	
学歴	高卒	12	12	9	33
	大卒	7	13	13	33
	院卒	5	18	10	33
合計		24	43	32	99

※各行の度数（人数）の合計、または各列の度数の合計を周辺度数と言う。高卒33、低所得24の周辺度数となる。

うこと）の分布に偏りがあるか，つまり関連性を示せるかどうかを分析します。ただし，どの変数（学歴のどれ：高卒，大卒，院卒）とどの変数（所得のどれ：低，中，高）に特定の偏りがあるかを具体的に示すものではありませんので，その点の解釈をするために，表6-4のような"期待度数"（列と行の度数から割り当てられる，あるべき度数）や"標準化残差"（観測度数が有意に多いか少ないかをみる指標）を示し，その点を捉えていきます。このような表集計をクロス集計と言います。SPSS等の統計分析ソフトで簡単に出すことができますが，一応，標準化残差の計算式を以下に示します。

(a) 残差＝観測度数−期待度数
(b) 標準化残差＝残差の標準化，つまり残差を期待度数の平方根（√したもの）で除算

平均＝0，±1.96の範囲に95％の人が入るという標準化した標準偏差の考えと概念的に同様で，1.96より大きいと観測度数が期待度数より多く，−1.96よ

表6-4 期待度数と標準化残差を示したクロス表

			所得			
			低所得	中所得	高所得	合計
学歴	高卒	度数	12	12	9	33
		期待度数	8.0	14.3	10.7	33.0
		学歴の%	36.4%	36.4%	27.3%	100.0%
		標準化残差	1.4	-.6	-.5	
		調整済み残差	2.0	-1.0	-.8	
	大卒	度数	7	13	13	33
		期待度数	8.0	14.3	10.7	33.0
		学歴の%	21.2%	39.4%	39.4%	100.0%
		標準化残差	-.4	-.4	.7	
		調整済み残差	-.5	-.6	1.1	
	院卒	度数	5	18	10	33
		期待度数	8.0	14.3	10.7	33.0
		学歴の%	15.2%	54.5%	30.3%	100.0%
		標準化残差	-1.1	1.0	-.2	
		調整済み残差	-1.5	1.6	-.3	
合計		度数	24	43	32	99
		期待度数	24.0	43.0	32.0	99.0
		学歴の%	24.2%	43.4%	32.3%	100.0%

※学歴の％に加え，所得の％も掲載可能であるが両方掲載すると見にくくなるため，因果関係の原因を示す縦列の学歴％のみ記している。クロス表は基本的に原因が縦列，結果が横列で示される。もちろん，実際には因果関係でなく関連性を分析しているのだが，予測としての因果関係を仮定し，このような表記をルールとしている。

り小さいと観測度数が期待度数より少ないことを示すのが標準化残差です。

(c) 調整済みの標準化残差

列数と行数を捉えて調整したもので，標準化残差より正規分布に近似するため推奨されています。考え方は標準化残差と同様です。

$$調整済みの標準化残差 = \frac{標準化残差}{\sqrt{\left(1 - \frac{列数計}{N}\right)\left(1 - \frac{行数計}{N}\right)}}$$

※列数・行数は該当する列または行の合計

ここから，全体の対象者数（度数）から予測される期待度数と実際の数（観測度数とも言います）との比較を通してみると，高卒の低所得が明らかに期待度数より多いということがわかります。また標準化残差では±1.96以内なのに対して調整済みの標準化残差は±1.96以上の値でした。

ところで，クロス表を用いて分布の偏りを分析する方法は，χ^2検定が代表であり，他の分析よりもわかりやすい点があげられます。ただし，他にいくつかありますので簡潔に表6-5に紹介します（国家試験にはほぼ出ません）。

②相関分析／偏相関分析：量的データ×量的データ

χ^2検定と同様に相互の関連性を捉えていくものですが，データが量的データ同士となります。図6-6上は，年齢が高いほど感動経験数も高いのかを示しているものです。因果関係はありませんので，どちらか一方が高まればもう一方も高まるというものです。図6-6下は，実は双方（年齢と感動経験数）に関連性があるのにそれら2つの因子に関わりのある因子（所得金額）が抑制して関連性を示していない場合，その抑制因子の影響を取り除いて分析を行なうというものです。その結果，抑制因子の影響を取り除く前と異なり，双方の関連性が示されたという図です。相関分析では表6-6のようにデータの質により関連性の指標を変更します。

またどの係数を用いた相関分析においても，その関係性の強さにはおおよそ

表6-5 質的データ×質的データのクロス表に用いられる関連性の指標

指　標	内　容
ユールの Q (Yule's Q) ファイ（φ）係数 (Phi coefficient)	基本的に行列2×2のクロス表に対する連関係数で，−1~1までの値をとり，関連がないときは0（a×d＝b×c）となる。aやdが大きいと正の関連（つまり＋1以下0より上），bやcが大きいと負の関連（つまり−1以上0未満）となる。 ユールの Q：次のファイ係数よりも緩く，運動すれば健康になる可能性がある（健康だったり不健康だったりする），ただし運動しないと健康にはならないという考えのとき用いる。 ファイ係数：2つの変数の値が1：1のときに最大の関連とみなす。運動すると100%健康によく，運動しないと100%健康に悪いという考えのとき用いる（ファイのクロス表参照）。 クロス表の基本表記 | A | B | | C | D | ユールの $Q = \dfrac{AD-BC}{AD+BC}$ ファイ係数 $= \dfrac{AD-BC}{\sqrt{(A+B)(C+D)(A+C)(B+D)}}$ ユールのクロス表 |　| 健康 | 不健康 | | 運動有 | 60 | 40 | | 運動無 | 0 | 100 | ファイのクロス表 |　| 健康 | 不健康 | | 運動有 | 100 | 0 | | 運動無 | 0 | 100 | B＝0，またはC＝0のときユールの $Q=+1$，A＝0またはD＝0のときユールの $Q=-1$ 科学的にはファイよりユールのほうが妥当であろう。 この表のとき $\phi=+1$ となり得る。逆にA＝D＝0のとき $\phi=-1$ となり得る。
オッズ比	何かが起こり得る程度（リスク）を示す指標。上記のクロス表から考えると，"運動をしない人"は"運動する人"の何倍不健康になり得るか倍率で表すもの（倍率ではなく単に比とする考えもある）。　　※資料に詳述あり。
クラメールのV係数 (Cramer's V)	行列2×2のクロス表より行列が増えた場合の指標で0~1の値をとり，0が関連なし，1に近いほど関連が高い。
グッドマンとクラスカルのγ（ガンマ） (Goodman-Kruskal's γ) ケンドールの τ_a（タウ） (kendall's Tau τ_a)	両分析ともに"順序尺度×順序尺度"の関連性をみるときに用いる。ケンドールのタウは"グッドマンとクラスカルのγ"の発展型。

次の表6-7のような基準があります。相関は−1〜＋1までの値をとり，ピアソンの積率相関係数であれば"r〔アール〕"という表記をします（スピアマンは ρ〔ロー〕，ケンドールは τ〔タウ〕）。また図6-7は調査対象者がどのよ

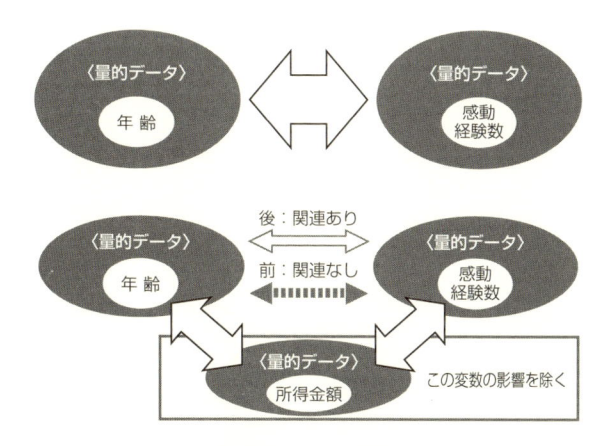

第6章 社会調査の方法Ⅲ—統計分析方法—

図6-6 相関分析(上)/偏相関分析(下):量的データと量的データの検定**

表6-6 相関分析における関連性の指標

指　標	内　容
ピアソンの積率相関係数(r) (Pearson's roduct-moment correlation coefficient)	量的データ同士の関連性:一般的に相関分析と言えばこれをさしている。
スピアマンのρ係数 (Spearman's Rho)	順序尺度同士でも活用するが,量的データを順序尺度に変換し,分析することにも用いる。つまり量的データであっても,外れ値があり,分析結果に影響を及ぼすような場合(とりわけ対象者数が多くないとき等),順序尺度に変えてスピアマンの相関係数を求める。対象者の99%が所得300万円以下の中,1%のみが1億を超えているような場合,順位に変換したほうが外れ値の値を補正しやすい。ケンドールのタウよりも一般的に用いられている。
ケンドールのτ_b (kendall's Tau b)	順序尺度×順序尺度のときに用いる。

表6-7 相関の強さ

$0.7 < \|r\| \leq 1.0$	強い相関がある
$0.5 < \|r\| \leq 0.7$	やや強い相関がある
$0.3 < \|r\| \leq 0.5$	弱い相関がある
$0.0 < \|r\| \leq 0.3$	ほとんど相関がないまたはない

※相関の強さの基準は学会等によりやや異なる。

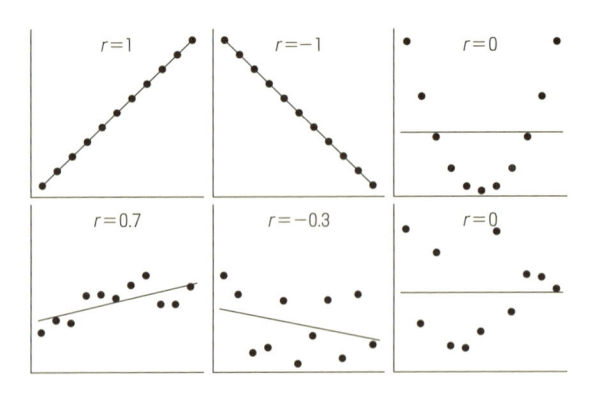

図6-7　相関係数の値による直線関係（米川・山崎，2010）

うな分布をとると相関係数が正になるか負になるかを示した図です。相関係数は，1つの変数が1つ上がればもう1つの変数も1つ上がるというような関係性を示す直線関係が成り立つ場合に示されるものです。10代の身長が高くなると体重も高くなるというような関係の場合"正の相関"，支出が増えれば貯蓄がなくなるという関係の場合"負の相関"と言います。

③重回帰分析：量的データまたは質的データ　⇒　量的データ
　二項ロジスティック回帰分析：量的データまたは質的データ　⇒　質的データ

　回帰分析は因子（独立変数）から1つの因子（従属変数）への影響を検定する分析（1つの因子〔量的データ〕から1つの因子〔量的データ〕への分析は単回帰分析という）で，従属変数が量的変数で，2つ以上の独立変数になると重回帰分析となります（図6-8上）。因果関係は分析者の考えで設定（もちろん先行研究等からの根拠で設定）します。図6-8上は，「旅行数」「恋愛数」「友だち数」が多いほど感動経験数が多くなるという因果関係を検定するものです。3つの量的変数のどれが影響を与えているのか，また比較してどれが高い影響を与えているのかをみることができます。

　一方，ロジスティック回帰分析は，従属変数が質的データの場合で，さらにこの質的データが1つの因子で2つの項目（統計的には"2値データ"や"2水準"と言う）からなる場合，二項ロジスティック回帰分析となります。図6

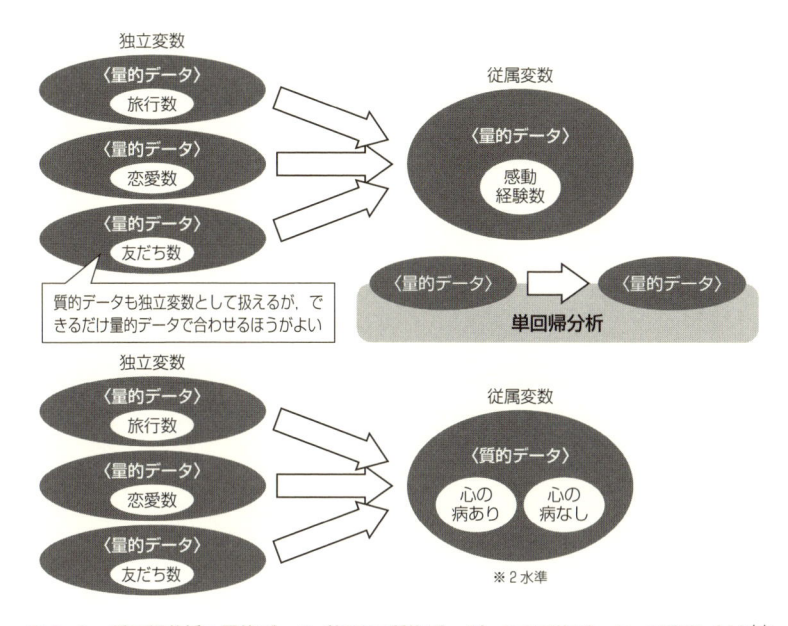

第6章 社会調査の方法Ⅲ—統計分析方法—

**図6-8　重回帰分析：量的データ（加えて質的データ）から量的データへの影響（上）★★
　　　　二項ロジスティック回帰分析：量的データから質的データへの影響（下）★**

－8下は「旅行数」「恋愛数」「友だち数」が多いほど心の病に影響を与えるかをみるものです。またロジスティック回帰分析では、オッズ比と呼ばれる独立変数が増加することで、どの程度の従属変数のリスクが高まるかをみる指標があります。例えば、オッズ比「旅行数1.5（$p>0.10$）」「恋愛数3.75（$p<0.05$）」「友だち数0.75（$n.s.$）」であるならば、これらの中で有意なのが恋愛数だけなので、恋愛が"心の病"に影響を与えることがわかり、さらに恋愛数が1つ増えると"心の病"になるリスクは3.75倍であると解釈されます（SPSSではオッズ比はEXP〔β〕で表されます）。

　ところで、従属変数も独立変数もともに質的データのときに用いられる回帰分析をカテゴリカル回帰分析と言います。従属変数や独立変数がともに質的データである場合に重回帰分析を用いられない理由は、重回帰分析の変数は正規分布することを前提としていますが、質的データを用いた場合、必ずしもそれが当てはまらないため、そのような前提をとらない分析（カテゴリカル回

分析や二項ロジスティック回帰分析）が求められたことがあげられます。なお二項ロジスティック回帰分析と類似した分析に判別分析と呼ばれるものがありますが，オッズ比を測定できるなどから二項ロジスティック回帰分析がよく用いられます。

④ t 検定（対応なし・対応あり）

　t 検定は，"2つの平均値の比較"をする分析です。図6-9上は感動経験数が男性または女性で違うのかを分析するもので，図6-9下は同じ対象者（対応ありということ）に時間を変えて2回感動経験数を測定し，1回目と2回目の平均値を比較する分析です。図では⇨により因果関係のように意図的に示しています。これは，性別により感動経験数が異なる，また1回目の感動経験数が2回目の得点へ関わるという考えから実務的な概念理解のために図示したものですが，実際は平均値の比較をしている分析です。

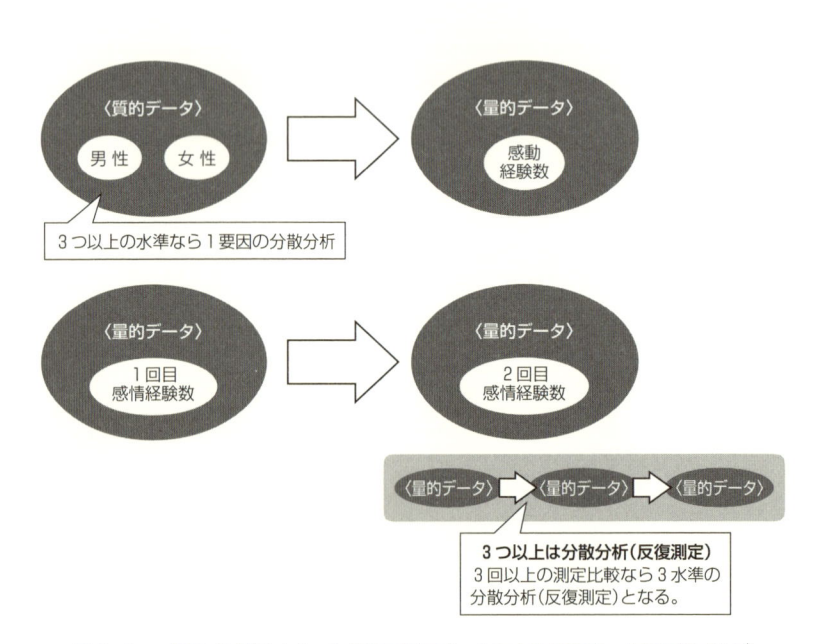

図6-9　t検定（対応なし）：2水準の質的データによる量的データの比較（上）★
　　　　t検定（対応あり）：1回目量的データと2回目量的データの比較（下）★

⑤分散分析1　1要因（一元配置）分散分析：3水準以上の質的データによる量的データの平均値の比較

　分散分析は"3つ以上の平均値の比較"です。この3つ以上の平均値をどのようなデータの質，データ収集方法で示すかにより，同じ分散分析という名称を用いても大きく3つの形態があります。図6-10は，最もオーソドックスな1つの因子による3水準の平均値の比較をするもので，10代，20代，30代の3つの水準の感動経験数の平均値の比較を行なうというものです。ただし，分散分析は，3水準に差があるかどうかをみるもので，具体的に3水準のどの平均値が最も高いか低いか，そしてそこに差があるかを明確にするものではないため，そこを理解するために「Tukey多重比較」により3水準の平均値を有意確率を用いて比較していきます。表6-8は参考程度に示した感動経験数の比較をした分析結果です。平均値1のカテゴリーと2のカテゴリーに差があり，とりわけ10代（平均4.00）と30代（平均8.00）に明らかに差があるということを示しています。

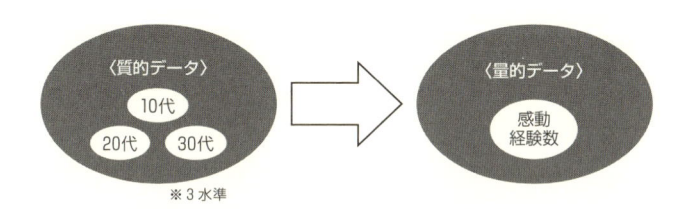

図6-10　1要因（一元配置）分散分析：3水準以上の質的データによる量的データの平均値の比較★

表6-8　感動経験数に対する年代の多重比較（Tukey HSD）の結果

	度数 (*n*)	平均値	
		1	2
10代	5	4.0000	
20代	5	4.6000	4.6000
30代	5		8.0000
有意確率			.0049

※SPSSによる分析結果を一部訂正

⑥分散分析2　2要因分散分析①：2要因（質的データと量的データ）による量的データの平均値の比較（1つの要因に対応あり）

　分散分析の概念がわかりづらい点に"対応のあり""対応のなし"により分析方法が違う点があげられます。図6-11は1つの要因が対応あり，すなわち同じ対象者に2回測定（反復測定）を行なったもので，その1回目と2回目のそれぞれに性別における平均値の差があるかをみる検定です（つまり要因は性別と回数の2要因）。ここでの質的データは男性と女性の2水準から1回目と2回目の感動経験数の平均値を比較し，どちらに大小があるかをみるというわかりやすい分析ですが（もちろん1回目と2回目の感動経験数の比較もします），3つ以上の場合は「Bonferroniの多重比較」により平均値を最終比較します。ただし，3つ以上の要因または水準（例：3水準；質的データが「年代」で10代，20代，30代と「回数」で3回の反復測定等）を分析する場合，解釈が難しいため避け，基本的には3水準を1つ，または2水準を2つとする平均値の比較となるような選択的な分析方法がベストです。分散分析とBonferroniの多重比較の実際の分析の観点を図示したのが図6-12です。

　ここでの分散分析は，図6-12左のようなデータについて①1回目と2回目を合わせて男女の差があるのか（性別の主効果の検定），②男女込みで1回目と2回目の差があるのか（回数の主効果の検定），③性別と回数の両方が違うのか（これを交互作用と言います）を比較していくものです。交互作用があった場合は，さらに④Bonferroniの多重比較によりペアごとの比較をしてい

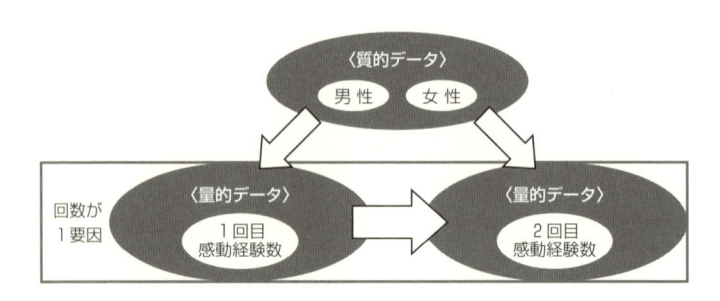

図6-11　2要因の質的データによる量的データの平均値の比較（1つの要因に対応あり）★

第6章 社会調査の方法Ⅲ—統計分析方法—

経験数

男性
女性

1回目　2回目（3年後）

① 性別で違うのか比較

② 1回目と2回目の比較

③ 交互作用：性別と回数の両方が違うのか比較
④ 交互作用があった場合，ペアごとの比較により，
　1) 1回目の男女の比較
　2) 2回目の男女の比較
　3) 男性の1回目と2回目の比較
　4) 女性の1回目と2回目の比較

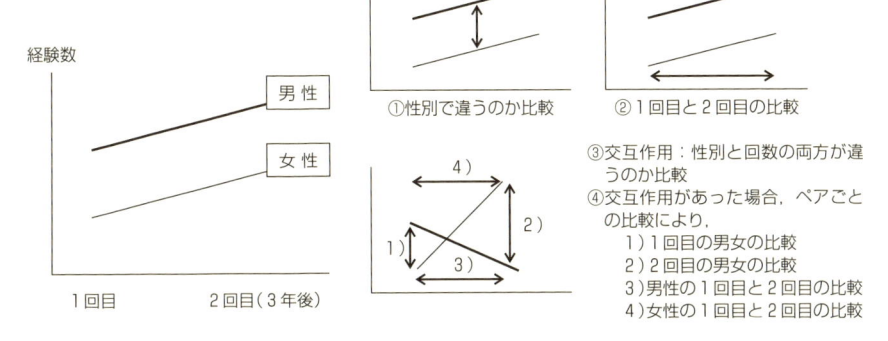

図6-12　2要因の質的データによる量的データの平均値の比較（1つの要因に対応あり）の分散分析およびBonferroni多重比較の概念

ます。これは次のようにどの性別と回数が明らかに差があるのかを比較し，主となる効果の検定をしていくものです（単純主効果検定）。1) 1回目の男女の比較，2) 2回目の男女の比較，3) 男性の1回目と2回目の比較，4) 女性の1回目と2回目の比較を行ないます。"主効果" と "単純主効果" は意味合いが異なりますので注意してください。なお本書には掲載しておりませんがもちろん2要因両方が対応のある場合もあります。同じ対象者が2つの英語の研修に参加し，研修前後に英語のテストを行なう等がこれに当たります。

⑦分散分析2　2要因分散分析②（対応なし）：2要因の質的データからの量的データの平均値の比較

　2要因分散分析（対応なし）は，独立変数となる2つの因子（質的データ）による従属変数（量的データ）のそれぞれの平均値の比較を通して各因子の関連性をみようとするものです。図6-13の分散分析は，性別または年代による平均値の差があるか（主効果），そして性別と年代それぞれが関係して平均値の差があるかをみます（交互作用）。交互作用が認められたら，Bonferroniの多重比較によりどの平均値が最も高いか，低いか，これに差があるかを最終比較していきます（単純主効果，図6-14参照）。

　なお以上の分散分析では従属変数（結果となるデータ）の数は1つですが，

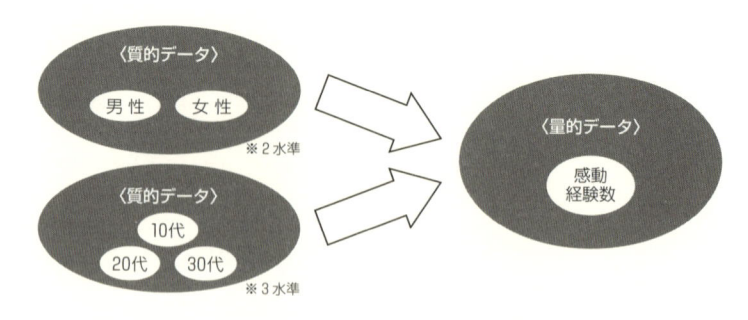

図6-13 2要因の質的データからの量的データの平均値の比較

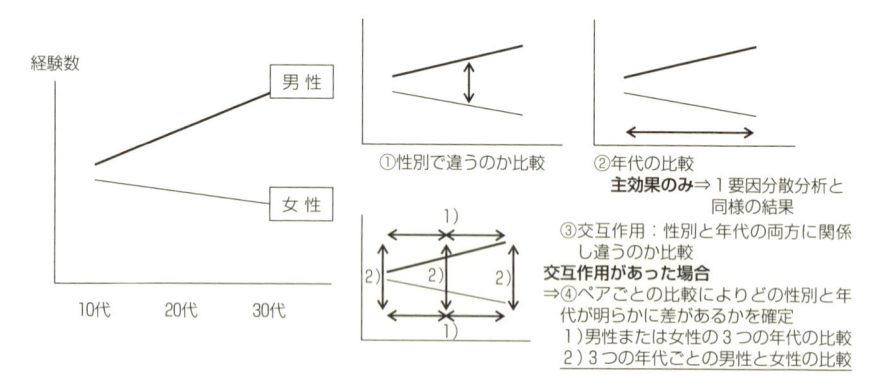

図6-14 2要因の質的データによる量的データの平均値の比較（対応なし）の分散分析および多重比較の概念

①性別で違うのか比較
②年代の比較
主効果のみ ⇒ 1要因分散分析と同様の結果
③交互作用：性別と年代の両方に関係し違うのか比較
交互作用があった場合
⇒ ④ペアごとの比較によりどの性別と年代が明らかに差があるかを確定
　1）男性または女性の3つの年代の比較
　2）3つの年代ごとの男性と女性の比較

これを複数に持ち分析する多変量分散分析という分析方法もあります。ただし，解釈の容易さから，あとでふれるパス解析で分析するほうがいいでしょう。

⑧因子分析：観測因子から潜在因子を予測する／多くの量的データの共通性を探る★

　これまでの分析では，因果関係をおおよそ設定してデータの関係性を検定してきましたが，因子分析では，因果関係の原因となる因子を"潜在因子（測定していない因子）"，結果となる因子を"観測因子（測定した因子で観測変数のこと）"として，観測因子から潜在的に考えられる因子（潜在因子）を予測していく分析です。よく用いられるのが，調査尺度作成時に質問項目の振り分けをするときです。因子分析を行なうことにより，図6-15のように予測潜在因

第6章 社会調査の方法Ⅲ―統計分析方法―

潜在因子

潜在因子1　　　潜在因子2

> 「潜在因子1」と「潜在因子2」に関わる因子が共通的にあるのではないかと考える。

旅行数　友だち数　恋愛数　感動経験数

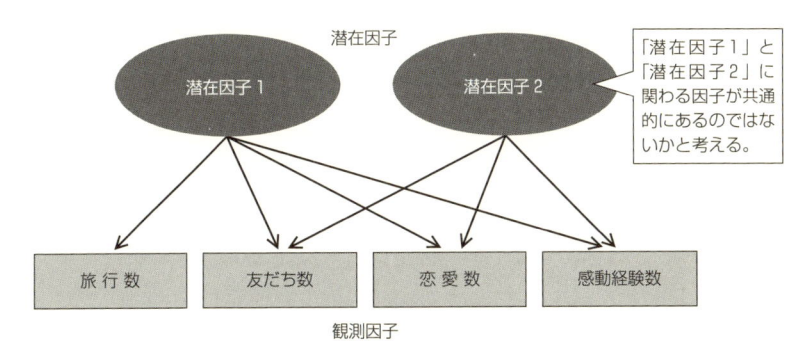

観測因子

図6-15　因子分析による観測因子から潜在因子（共通性）の予測

子がもとの観測因子からもとめられます。因子分析では，その予測を参考に分析者が必要のない質問項目（後に説明する因子負荷量が少ない項目）を削ったり，再作成し加えたりし，最も理論的に適うように潜在因子数を増減する作業を行なっていくところに醍醐味があります。結果として適切な潜在因子を決定した後，その潜在因子の名称も分析者が妥当なものを決定していきます。

実際の分析では，表6-9のようにどの観測因子同士の結びつきが強いかを示してくれます。因子負荷量とは相互の関係性の強さを示しているもので，0.400以上の値をとる因子同士の関係性をみていけばよいと一般的に言われています（分析者の判断により0.300からも可）。そして，潜在因子を2つにしたほうがいいのか3つ以上にしたほうがいいのかも分析で決定することができますが，因子負荷量の大きさから，ここでは「旅行数」と「友だち数」，「恋愛数」と「感動経験数」の2つの因子を考えることが妥当であると考えられます。このときの「潜在因子1」と「潜在因子2」にはまだ名称がついていませんので，その名称を分析者がつけていきます。この名称を「行動力」と「感情能力」とし，この尺度を「行動と感情能力尺度」とするならば，図6-15（表6-9）の解釈としては「行動と感情能力尺度」は「行動力」と「感情能力」という2つの下位尺度からなり，全項目数は4つである，というようになります（実際の尺度で4項目というのはあり得ませんが）。

表6-9　因子負荷量

因子	潜在因子	
	1	2
旅行数	1.000	.180
友だち数	.903	.364
恋愛数	.349	.587
感動経験数	.252	.672

※実際の分析では，1つめの流れで因子数がいくつ必要か（1.0以上の"固有値"の数で示され，ここでは1.0以上が2つあった想定）。この表は2つ目の流れであるバリマックス回転の結果。表示はSPSSの分析結果を一部改訂。

　以上が因子分析の概念ですが，因子分析ではその分析方法に2つの流れがあります。1つ目の流れは抽出方法の選択で，おおよその潜在因子数を確定するために行ないます。よく用いられる抽出方法に主因子法（しゅいんしほう），一般化最小二乗法（重み付き最小二乗法ともいう），そして最尤法（さいゆうほう）があります。最も制約が多く因子分析の結果が信頼できるのは最尤法とされ，質問項目の単位（4件法と5件法の項目が交じっている等）が違うものを因子分析にかけるときに扱われるのが一般化最小二乗法とされています。最尤法では制約が厳しく，他の因子分析ではよいとされる判断でも不適合とされることもあるため，制約が緩やかな主因子法がよく用いられます。

　2つ目の流れは，先に出された潜在因子を構成する各項目間相互の関連性を明確にする"回転方法"という分析で，関連性を表す指標である因子負荷量による関連性を明示するものです（表6-9）。具体的なイメージでは，因子負荷量の数値で座標をとり，その座標の軸を回転させて，いくつかの質問項目を項目群（つまり潜在因子）としてまとめる方法です（図6-16参照）。この回転の方法には直交回転（バリマックス回転が主流）と斜交回転（プロマックス回転が主流）があります。

　因子分析は，1つの尺度構成内容（例えば，高齢者の認知測定の質問10項目）にいくつの潜在因子が構成されているかを示す分析で扱われることが多いです（例えば「過去における認知（4項目）」「最近の認知（3項目）」「未来の認知（3項目）」という3つの潜在因子を示す）。そのため各潜在因子（「過去

第6章 社会調査の方法Ⅲ—統計分析方法—

表6-9の2因子負荷量を2軸の座標として示したものです。斜交回転をすることでより関連性のある因子同士を分類することができます。

1つ目の流れ：**因子抽出**
　　　　＝因子数の決定

2つ目の流れ：**回転**
　　　　＝因子同士の関連性の決定

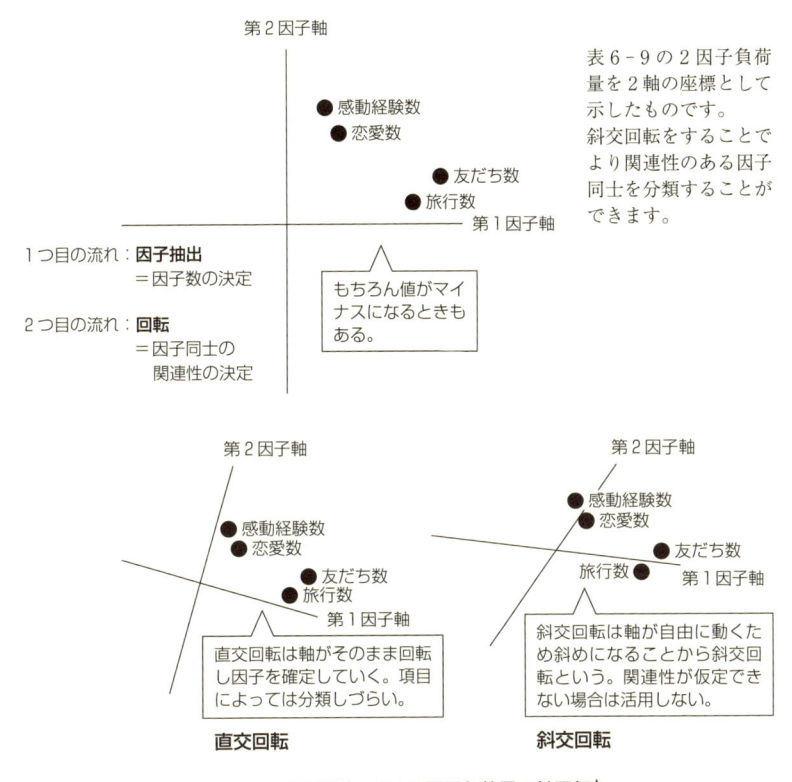

もちろん値がマイナスになるときもある。

直交回転は軸がそのまま回転し因子を確定していく。項目によっては分類しづらい。

斜交回転は軸が自由に動くため斜めになることから斜交回転という。関連性が仮定できない場合は活用しない。

直交回転　　　　**斜交回転**

図6-16　因子分析における因子負荷量の軸回転★

における認知」「最近の認知」「未来の認知」）は同じ尺度を構成する（類似の内容項目群である）ことからも，相互に関連していると考えられますので，一般的に関連性を仮定する回転である斜交回転が用いられますが，関連性を仮定しない場合直交回転が用いられます。

図6-16は先の表6-9の因子負荷量を座標軸にしたものです。直角な交わりである直交回転（座標軸がそのまま回転）をすることで何となく各因子のかたまり（つまり潜在因子）を分類できそうですが，斜交回転（2つの座標軸が相互に因子に合わせて回転）のほうがより鮮明に因子を分類できることがわかります。潜在因子が増えるほどこの軸（回転する軸）が増えていくと考えます。

⑨その他の分析
(a) 共分散構造分析：パス図を用いてモデルの適合性を検定する★

　パス解析は，観測変数を□で表し→（パス）で結び相関関係や因果関係のモデルが合致しているかを図で検定（適合度の検定）するものです。確証的因子分析などの潜在変数（○で表示）を含めて分析する分析を包括して共分散構造分析（構造方程式モデリング：Structural Equation Modeling〔以下，SEM〕）と言います。

　SEMでは，他の因子から一方向の影響を受ける側である内生変数（影響を与える側を外生変数；つまり回帰分析でいえば従属変数に当たるもの）には誤差変数というその因果関係モデル以外の影響を受ける変数を加えるところに特徴があります（図6-17参照）。

　確証的因子分析（確認的因子分析または検証的因子分析とも言います）では，図6-15の因子分析の結果モデル（2項目ずつの2因子）が本当に合致しているかを検定していくというものです（図6-17）。→には相関係数や影響値が表示されます。なおこの他，実際の検定結果では，モデルの適合度が表示されます。

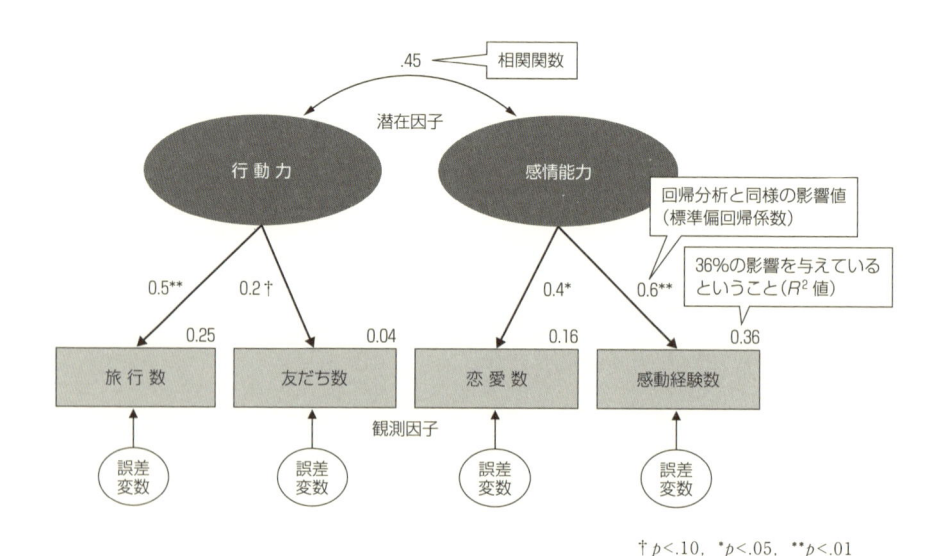

相関関数 .45
潜在因子：行動力，感情能力
観測因子：旅行数，友だち数，恋愛数，感動経験数

行動力→旅行数 0.5** (0.25)
行動力→友だち数 0.2† (0.04)
感情能力→恋愛数 0.4* (0.16)
感情能力→感動経験数 0.6** (0.36)

回帰分析と同様の影響値（標準偏回帰係数）
36％の影響を与えているということ（R^2値）

† $p<.10$，* $p<.05$，** $p<.01$

図6-17　確証的因子分析のモデル

(b) 主成分分析

因子分析は因果関係の原因となる潜在因子を観測因子の関連性から探索するものでしたが，主成分分析は因果関係の結果を観測因子の関連性から集約するもので，因子分析とは矢印が逆になります。主成分分析と因子分析は別々のものとする考え方や主成分分析は因子分析に包括されるとする考え方があり，どちらをどう使うかは考え方によるのですが，心理尺度を作成するときは因子分析を用いると知っておけばいいでしょう。

(c) クラスター分析★

観測データの特徴を分析し回答者を似た者同士で集める分析です。例えば，「恋愛数」と「感動経験数」から回答者のグループをクラスター分析すると，デンドグラム（ツリーダイアグラム）という図が出てきます。ここで分析者が任意に3つにグループを分けたとします（図6-18参照）。次にこれら3グループを独立変数として分散分析して恋愛数や感動経験数をみると，グループ1は「恋愛数が少なく感動経験数も少ない」，グループ2は「恋愛数が中程度で感動経験数が多い」，グループ3は「恋愛数が多く感動経験数も多い」という結果が出たとします。この恋愛数と感動経験数の高低により分類された3グループに対して他の様々な事象をみていくことで，単に統計分析をしていたとき以上に情報を得られたならば，クラスター分析を行なった意味が出てくることになります。

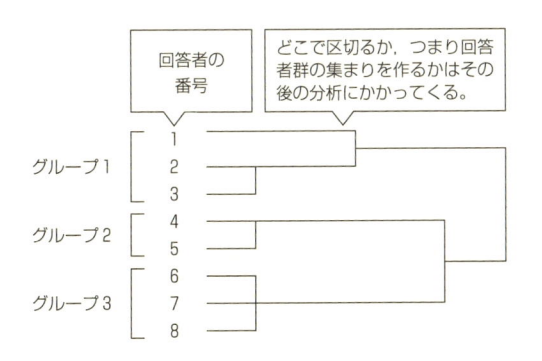

図6-18 クラスター分析によるデンドグラム

第 7 章

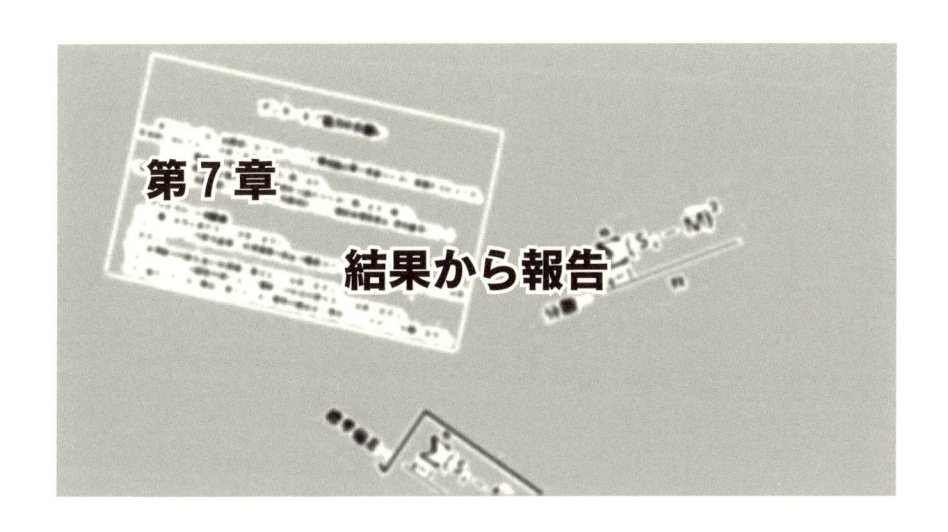

結果から報告

1. 結果と考察

　調査結果が出たらそれを報告するために文章を記述していきますが，文章だけでは相手に伝わりにくいということから図表を用いて報告していくことになります。結果は過去形「〜だった」という記述で，考察は「〜と考えられる」という現在形で記述します。そして分析結果だけを述べる発表であれば結果を述べていくだけでもいいのですが，研究であれば，結果から導かれた分析者（報告者）自らの考えである"考察"を述べることがとても重要な醍醐味になります。このとき結果は結果の章（または段落）で述べ，考察は考察の章（または段落）で別々に分けて述べることが基本的に求められます。研究では，客観的な事項として示す結果と，主観的な事項として分析者の考えを示す考察とを分けて発表することで，相互の関係性を混同しないようにするという意味があります。

　そして研究での考察は，単に自分の考えを主張するだけでなく，これまでの研究結果を含めながらも自らの考えを論理立てて述べていくという客観的に自らの考えの正当性を示していくことが求められます。客観的に考えられるときは「〜と考えられる」，比較的主観的な考えとなるときは「考える」，結果からは明らかに言えないがそう考えることが可能なときは「〜と考えられるだろ

う・かもしれない・可能性がある・推測する」という表現で締めくくられます。

考察の最後には，「課題」として，結果の限界，考察の限界から，今後どのような点を考慮して研究していくべきか，さらに"検討する点""精査する点"を述べていきます。これは，いかに自らの研究が一部の視点しか定められていないかという自らの研究の弱点を示し，そこを今後の研究に繋げていく課題として述べていくものです。男性しか調査対象者がいなかったら女性の調査も必要であるとか，10代でしか調査をしていなかったら年代間の差があることをさらに検討すべきとか，ランダムサンプリングでないためより客観的なサンプリングを行なう必要があるとかの調査対象者の限界，また使用された尺度の信頼性・妥当性は成人を対象としたものであるため，10代に適した尺度の構成を検討する必要もあるとかの調査用紙の限界等，課題は様々です。なぜなら調査実施方法によってはまったく異なる結果が出たかもしれないからです。また先行研究と同様の結果が出なかったときも，異なる方法だから出なかったのかもしれないということも考えられるからです。限界を述べることは普通に考えれば自分の研究を否定することにもなりよくないようにみえますが，研究は客観性が求められるため，どこまで自分の研究の限界を捉えているかはその報告を受ける者にとってはとても重要な事項なのです。ただし，これが企業内のプレゼンテーションやマーケティング発表などであれば重要点を示すだけでよいため，限界を示す必要はないこともあります。

2．図表の用い方

どのような結果にどのような図表を用いるかは，"研究"であるかないかで明らかに違います。研究では暗黙の了解のように図表の用い方は決まっているのです。しかし，企業等で用いられる発表においては，人の目を惹く手法が強調され，必ずしも決まっていません。つまり，どこまで人を惹きつかせるかを主題としているためルールは度外視するということが多いのです。失礼な言い方で言えば，社会調査を学んでいない人たちが扱う調査報告だからこそルール

表7-1　年代と感動経験数の結果

	平均値	標準偏差
年代（1～3）	2.00	0.84
感動経験数（2～12）	5.53	2.77

$n = 15$

を度外視しているとも言えるでしょう。肯定的に言えば，求められるシチュエーションによって発表方法を変える必要があるのです。

とは言え，ここでは一般的に決められている研究結果発表の図表の用い方を紹介していきます。まず最初に必要なのが自らが調査したデータの基礎統計量となる平均値，標準偏差，サンプル数となる n，そして最大値・最小値等です。掲載見本は表7-1となります（研究発表では，縦線はなく題目の下の線は太くなります）。

表7-1だけでは年代が順序尺度のため，その意味がわかりにくい点があります。これをわかりやすくするのが表7-2の度数分布表と言われるもので，調査した結果を示す最も基本となる表です。これを要約したのが表7-1とも言えるのです。このような度数分布表で示されればおおよその年代の状態がわかりますが，これが複雑になると表だけ見てもわかりにくくなります。そこで一見してデータ理解をするために用いられるのが図なのです。たとえば，表7-3の棒グラフを見れば年代の全体像がわかりやすくなることでしょう。この他，表7-2を性別と年代などの2要因間の関係性で表したのが前述した χ^2 検定で示したようなクロス表になります。なお，ここでの度数とは回答者の数（つま

表7-2　年代の度数分布表

		度数	%	有効%	累積%
有効	10代	5	5.1	33.3	33.3
	20代	5	5.1	33.3	66.7
	30代	5	5.1	33.3	100.0
	合計	15	15.2	100.0	
欠損値	システム欠損値	84	84.8		
合計		99	100.0		

※SPSSで示される表です。研究発表では図のほうが一般的に用いられます。

り n 数）のことです。

　図表には様々なものがありますが，それぞれに活用方法の特徴があります。表7-3におおよそのグラフの特徴を示しましたので確認してください。

表7-3　グラフの特徴

グラフ	特徴
【棒グラフ】（10代：4，20代：7，30代：4の度数を示す棒グラフ） 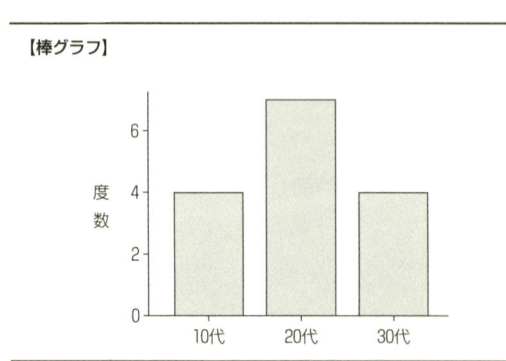	棒の長さを明示することで，その度数や数量を示すもの。名義尺度や順序尺度を中心とする。例えば，政党の支持数を棒グラフで示した場合，棒と棒が離れているほうがわかりやすいため，くっついて表示されることはない。斜めから立体的に見る棒グラフは棒の長さがわかりにくいこともあり適切でない場合がある。見栄えの格好よさと図の意味とは必ずしも基本と一致しない。
【ヒストグラム】（2.00～10.00の階級のヒストグラム） 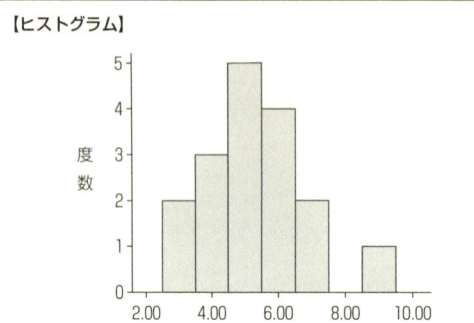	間隔尺度比例尺度を扱い，棒の長さだけではなく横の棒の有無にも意味があるもの。棒グラフでは，棒ごとに意味があり，棒の表示が連続せず，棒と棒の間に隙間が空くものであるが，ヒストグラムは隙間が空くということは度数や数量が"0"になる，つまりないということ。縦と横に意味があるということから面積でデータを把握することもできる。
【折れ線グラフ】（1回目～7回目の健康度の折れ線グラフ。「傾きに意味を求める。」の注釈あり） 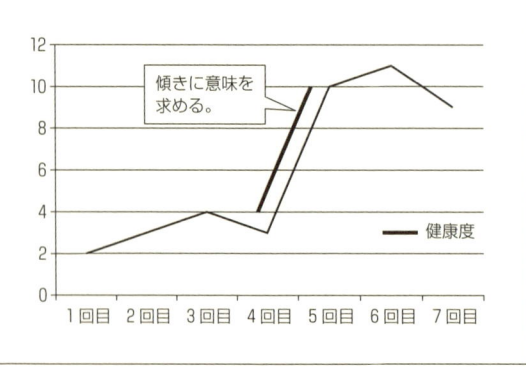	ある対象から示されたデータ（数量）の連続的な変化を示すもの。線の傾きに意味があることを示す。棒グラフと異なり，傾きを示すことに意味があるため，座標軸に"0"がなくてもよく，傾きが視覚的にわかりやすい45度で示せるほうがよいともされている。

表7-3 （続き）

【円グラフ】 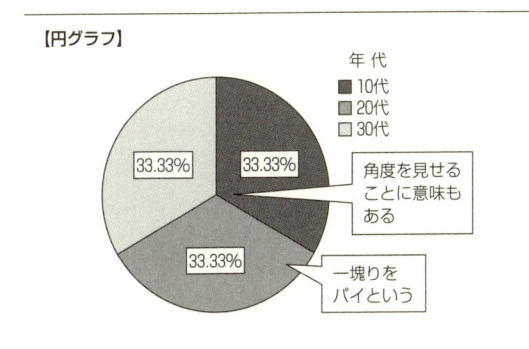 年代: 10代 / 20代 / 30代 33.33% / 33.33% / 33.33% 角度を見せることに意味もある 一塊りをパイという	パイの面積から全体の構成比を視覚的に理解するもの。また各パイの角度を示すことに意味があるため，ドーナツ型の円グラフなどは用いないほうがよい。
【帯グラフ】 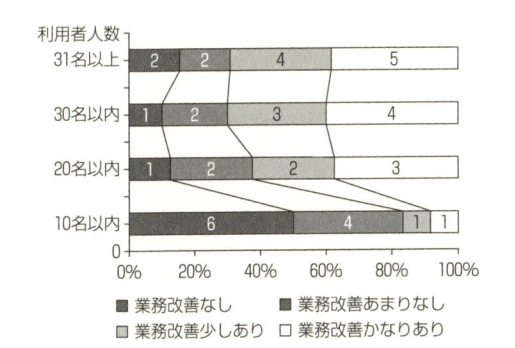 利用者人数 31名以上: 2 / 2 / 4 / 5 30名以内: 1 / 2 / 3 / 4 20名以内: 1 / 2 / 2 / 3 10名以内: 6 / 4 / 1 / 1 ■業務改善なし ■業務改善あまりなし □業務改善少しあり □業務改善かなりあり	各グループの同じ回答のカテゴリーごとに比較するもの。円グラフをいくつか記載し比較したほうがわかりやすいとも言われている。
【箱ひげ図】 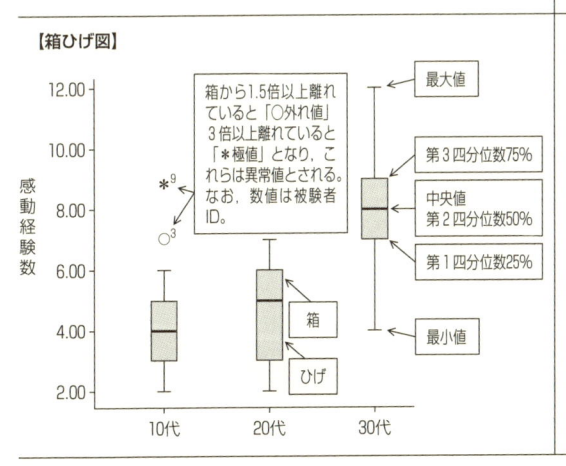 感動経験数（10代／20代／30代） 最大値／第3四分位数75%／中央値 第2四分位数50%／第1四分位数25%／最小値／箱／ひげ 箱から1.5倍以上離れていると「○外れ値」3倍以上離れていると「＊極値」となり，これらは異常値とされる。なお，数値は被験者ID。 ＊9　○3	中心傾向とばらつきを中央値と四分位数から視覚的に見るもの。 全体から外れている対象者を外すかどうかを定めるためにも使える。

第7章　結果から報告

91

表7-3 （続き）

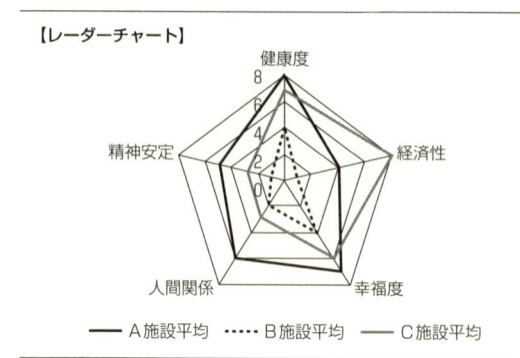

【レーダーチャート】

（レーダーチャート図：健康度、経済性、幸福度、人間関係、精神安定の5項目について、A施設平均、B施設平均、C施設平均を比較）

5つ程度以上の複数の調査項目を比較するもの。チャートの形により特性を捉えていったり，チャートの形でタイプ分けして他の指標の違いを確認したりする。全体比較がわかりやすい。

〈資　料〉

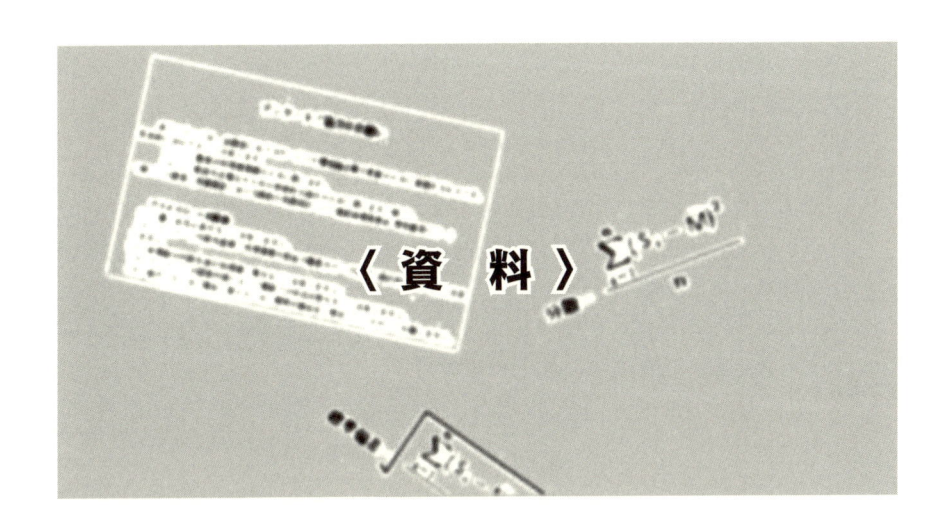

　これまでの国家試験や様々な模試に出てきた内容で，学生がとてもわかりづらいという内容を中心に試験問題を作成してみました。

以下の各質問（1）〜（5）において，正しいものと間違っているものを○×で示した回答群1〜5の中から正しいと思われるものを1つ選択して下さい。

問1

（1）個人的な意見や態度を問う質問はパーソナルな質問で，社会的な意識を問う質問はインパーソナルな質問である。
（2）質問紙には，調査対象者の属性を聞くフェイス・シートを必ず加える。
（3）「あなたは海や山が好きですか？」このような質問はダブルバーレル効果が生まれ得る質問である。
（4）「ご家族は何人ですか」という質問は，回答者が回答に迷うような質問内容ではない。
（5）社会調査において，テープレコーダーなどの記録機材を使用した記録は対象者が不快に思ったものが含まれていた場合，調査対象者の要請があっても破棄・削除してはならない。

1. ○-×-○-○-○
2. ×-○-○-○-×
3. ○-○-○-×-×
4. ×-×-○-○-○
5. ○-○-×-×-×

****

正解　3

（4）は，自分を含めるのか，含めないのか，または同居している家族のみか，同居していない家族も含めるのか，回答者が判断に迷うような内容であるため適切ではない。
（5）は，調査対象者の要請があった場合，該当部分の記録を破棄または削除しなければならないため適切ではない。

問2

（1）グラウンデッド・セオリー・アプローチを利用して質的データを分析するために，理論的枠組みに基づいた分類を行なう。
（2）グラウンデッド・セオリー・アプローチにおけるコーディングは数段階に分けて行なわれる。
（3）グラウンデット・セオリー・アプローチは質的データから理論構築を行なう

ための方法である。
(4) 統計法は，公的統計の体系的かつ効率的な整備及びその有用性の確保を図り，もって国民経済の健全な発展および国民生活の向上に寄与することを目的としている。
(5) グランデッド・セオリー・アプローチにおいて，軸足コーディングは複数のカテゴリーを1つにまとめるもので，その次の段階としてオープンコーディングがある。

1. × - × - 〇 - 〇 - ×
2. 〇 - 〇 - × - 〇 - 〇
3. × - 〇 - 〇 - × - ×
4. 〇 - × - 〇 - 〇 - 〇
5. 〇 - 〇 - 〇 - 〇 - ×

＊＊＊＊＊＊＊＊＊＊＊＊＊＊＊＊＊＊＊＊＊＊＊＊

正解　　5

(4) は，以下のように統計法で定められており，設問のとおりである。

第一条　この法律は，公的統計が国民にとって合理的な意思決定を行うための基盤となる重要な情報であることにかんがみ，公的統計の作成及び提供に関し基本となる事項を定めることにより，公的統計の体系的かつ効率的な整備及びその有用性の確保を図り，もって国民経済の健全な発展及び国民生活の向上に寄与することを目的とする。

(5) オープンコーディングの次に軸足コーディングである。なお軸足コーディングの次に選択コーディングである。

問3

(1) 折半法とは量的調査における調査項目を半分ずつに分けて，それぞれ異なる測定方法で関連性をみる方法のことである。
(2) 類似した集団に対して同内容の質問を行ない，同じような結果が出るかどうかを確認する検査法を平行検査法と言う。
(3) 自由面接法は，面接状況に合わせて調査者が自由に質問をしていく面接手法である。
(4) 自由面接法は，調査者と調査対象者との間で信頼関係を築きにくいというデメリットがある。

（5）性別割合等，前もって条件ごとに対象者割合を設定し，抽出する方法をスノーボール法という。

1．× - ○ - ○ - × - ×
2．○ - ○ - × - × - ×
3．× - × - ○ - × - ×
4．○ - ○ - × - × - ×
5．× - ○ - ○ - ○ - ×

＊＊＊＊＊＊＊＊＊＊＊＊＊＊＊＊＊＊＊＊＊＊＊＊＊

正解　1

（1）折半法は，質問項目紙作成時に偶数番号と奇数番号の質問項目毎に半分ずつに分けて，相関分析（折半分析）など同一の分析方法で相互の関連性をみるため間違いである。
（4）は，自由面接法は調査者調査対象者との間で信頼関係を築きやすい。
（5）の説明は割当法である。

問4

（1）χ^2検定は2つの量的変数の関連性を分析することができ，相関分析は2つの質的変数の関連性を分析することができる。
（2）ピアソンの積率相関係数において相関係数がゼロであっても2つの変数に関係のある場合は存在する。
（3）「シングルケースデザイン」と異なり，「A-B-Aデザイン」は，一人のクライエントについて，ワーカーが介入する前と後で，問題の程度がどのように変化したかを捉える方法のときに用いることができる。
（4）関連性の度合を示す指標の1つをピアソンの積率相関係数と言う。
（5）クロンバックのα係数は複数の下位尺度に外的整合性が存在するのかを調べるためのものである。

1．○ - × - × - × - ○
2．× - ○ - × - ○ - ×
3．○ - × - ○ - ○ - ○
4．× - ○ - × - × - ×
5．× - × - ○ - × - ○

＊＊＊＊＊＊＊＊＊＊＊＊＊＊＊＊＊＊＊＊＊＊＊＊＊＊

正解　2

（1）質的と量的が逆であるため適切ではない。
（2）相関分析では，直線（一方が高まれば一方も高まる等）での関連性しかみられないため，U字の関連性（部活動の練習はしないと得点を入れる力は高まらないが，練習しすぎると疲労状態となり，得点が入れられない等）をみることができないため設問のとおりである。
（3）シングルケースデザインの説明であるが，本デザインではA-B-Aデザインでも同様のことが言える。つまり異なっていない。
（5）内的整合性であるため適切ではない。

問5

（1）相関関係が存在する場合，変数Xが1つ増えれば変数Yは逆に減ることがある。
（2）表作成では，横軸に独立変数（原因と想定される変数），縦軸に従属変数（結果と想定される変数）をとる。
（3）変数間の因果関係を検討する場合，原因となる変数を従属変数といい，結果となる変数を独立変数という。
（4）Y=aX（aは常数，YとXは変数）という公式が成り立つとき，YはXに応じて変化する。このときXを目的変数，Yを説明変数と言う。
（5）クロス集計における行パーセント，列パーセントの数値は，それぞれ独立して比率を計算したものであり，それらの数値を参照する全体の意義は小さい。

1．× - × - × - × - ×
2．〇 - × - × - 〇 - 〇
3．〇 - 〇 - 〇 - × - 〇
4．〇 - 〇 - 〇 - 〇 - ×
5．〇 - × - × - × - ×

＊＊＊＊＊＊＊＊＊＊＊＊＊＊＊＊＊＊＊＊＊＊＊＊＊＊

正解　5

（2）横軸と縦軸の説明が逆。
（3）原因となる変数を独立変数，結果となる変数を従属変数という。
（4）Xが説明変数（独立変数のことです），Yが目的変数（従属変数のことです）である。

（5）調査分析には不可欠なものである。そのため，意義は大きいと言える。

問 6

（1）ソシオグラムとは人間関係を図表で表したもので，無向グラフと有向グラフで表す。
（2）1790年より人口センサスを調査したアメリカの80年後に日本は国勢調査を始めた。
（3）調査対象の変化を知るには基本線期の情報がなくても可能である。
（4）あらかじめ母集団の構成比率がわかっている場合，その比率を割り当て最も代表性の高いサンプルを獲得できるのは，住民台帳からランダムサンプリングした標本抽出方法である。
（5）非参与観察法の目的は，集めた意見やデータの分類と集約を通して，新しい発想や仮説を創造することである。

1. ○ - × - × - × - ×
2. × - ○ - ○ - ○ - ×
3. ○ - ○ - × - × - ○
4. × - × - ○ - ○ - ×
5. ○ - ○ - × - × - ○

＊＊＊＊＊＊＊＊＊＊＊＊＊＊＊＊＊＊＊＊＊＊＊＊＊

正解　　1

（1）図式化しない無向グラフ，矢印を用いて図式化する有向グラフなどで表す。
（3）基本線期の情報（比較の基本となる情報）を得ないと変化が捉えられない。
（4）割当法とランダムサンプリングの両方を用いるほうがよい。
（5）KJ法またはグラウンデッド・セオリー・アプローチの説明である。

問 7

（1）構造化面接は事前に決まった質問，手法で面接する方法であり，半構造化面接は決まった質問をしたあとに自由な質問を含む面接方法である。

（2）社会調査では，収集するデータの信頼性から，個別インタビューにおける自由面接が望ましい。
（3）非参与観察における調査者の立場は，観察に徹する「完全な観察者」と参加を重視する「完全な参加者」とがある。
（4）複数の調査法を組み合わせることを，トライアンギュレーションというが，その目的は質的調査の信頼性と妥当性を高めるためである。
（5）参与観察法では調査者に主観的な感情が生じやすいというデメリットがある。

1．○-○-○-×-×
2．×-○-×-×-×
3．○-○-×-○-○
4．○-×-×-○-○
5．×-×-○-○-○

＊＊＊＊＊＊＊＊＊＊＊＊＊＊＊＊＊＊＊＊＊＊＊＊＊

正解　4

（2）個別で行なわれる自由面接が望ましいということはない。また，質的な情報を収集することがデータの信頼性を高くするということもない。
（3）後者は参与観察についてのことである。

問8

（1）パネル調査とは，固定した対象者に，期間を隔てて同一の質問により調査を行なう断続的調査法のことであり，対象者の一定期間内における行動・意識の変化を探り，その理由・過程を追究するものである。
（2）集合調査では，集合効果が作用して影響を受ける危険性がある。
（3）町中で歩いている人の中から，何の意図も作為もなく偶然に出会った人々を集めて調査の対象者とすることは，無作為抽出の手法である。
（4）無作為抽出法ではランダムに標本を抽出するため，母集団の代表性について統計学的に推定することはできない。
（5）標本調査では調査対象となる母集団の一部を抽出し，母集団の特性を推測する方法となり得る。

1. × - ◯ - × - × - ◯
2. ◯ - ◯ - × - × - ◯
3. × - ◯ - × - ◯ - ◯
4. ◯ - × - ◯ - ◯ - ×
5. ◯ - × - × - ◯ - ◯

****

正解　2

（3）有意抽出のことである。
（4）統計学的に推定することはできる。

問9

（1）尺度を用いた測定の妥当性が高ければ，より測定したい事柄を適切に測定できる。
（2）名義尺度によるデータから中央値，最頻値ともに求めることができる。
（3）中央値は標本数が偶数のときには存在しない。
（4）3つの値（平均値，中央値，最頻値）はそれぞれ3つの分布または3つのデータ群において別々に定まる。
（5）平均値（算術平均）は，外れ値の影響を受けやすい。

1. ◯ - × - × - ◯ - ×
2. × - × - × - ◯ - ◯
3. ◯ - ◯ - ◯ - × - ×
4. ◯ - × - × - × - ◯
5. × - ◯ - ◯ - ◯ - ×

****

正解　4

（2）概念的に最頻値（"男性""女性"というような観点であるため）は求めることができない。
（3）中央値は存在する。
（4）は，1つの分布や1つのデータ群においてこれら3つの値が定まる。

問10

(1) 基幹統計には国勢統計，国民経済計算がある。
(2) 統計法の統計委員会は内閣府に置かれている。
(3) 公的統計は行政機関，地方公共団体，社会福祉法人等が作成する統計である。
(4) 「社会の情報基盤としての統計」へと位置づけられてから，請求すれば誰でも統計調査で集められた調査票情報の提供を受けられるようになった。
(5) 国の行政機関が行なう統計調査については，匿名化されたデータを一般の者に提供することは禁止されている。

1. ○-×-○-×-×
2. ×-×-×-×-○
3. ○-○-○-×-×
4. ○-○-×-×-○
5. ×-○-×-○-○

＊＊＊＊＊＊＊＊＊＊＊＊＊＊＊＊＊＊＊＊＊＊＊＊＊

正解　1

(2) 平成28年4月1日より総務省で，以前は内閣府。
(4) 統計法第33条の規定では，調査票情報の提供を受けることができるのは，行政機関あるいはこれに準ずる者など，総務省が定める者が定める行為を行なう場合のみとされているため適切でない。
(5) 匿名化されていない個人情報等は提供されないが，匿名化されているものは禁じられていない。

問11

(1) 事前に許可を得て行なうある組織に対する集合調査の回収率は，自宅への訪問調査に比べて高い傾向にある。
(2) 郵送調査は経費がかかるが，質問内容の誤回答や誤記入を生じることはない。
(3) 測定の妥当性とは，測定の目標とした特性が，どの程度正確に測定できているかを示すものである。
(4) ドキュメント分析を行なう際，日記や手記などの個人的記録は分析の対象とはならない。
(5) 会話分析は発語者との会話の中の言葉を重要視するため，その内容のみに関心を向ける。

1． ×－◯－×－◯－×
2． ◯－×－◯－×－◯
3． ◯－×－◯－×－×
4． ×－×－×－◯－◯
5． ◯－×－×－×－◯

＊＊＊＊＊＊＊＊＊＊＊＊＊＊＊＊＊＊＊＊＊＊＊＊＊

正解　　3

（2）経費はかからないが，誤回答，誤記入が生じる可能性はある。
（4）日記や手記などの個人記録も分析に含まれる。
（5）会話の内容だけでなく，その構造に関心を向けることも重要である。

問12

（1）多段抽出法は数段階に分けて行なうため，サンプルから母集団の特性値を推定する際の精度が上がる。
（2）標本誤差とは抽出された標本が母集団と同じ構造になっていないため生じる標本値と母集団特性値との間の誤差のことであり，全数調査では生じないが，標本誤差を避けることは困難である。測定誤差も同様のことを言っている。
（3）研究者の質問に対する調査対象者の回答の本音の分析は主として臨床心理学領域において行なわれている。
（4）相関係数は一般的にピアソンの積率相関係数が用いられる。
（5）質的調査には，観察法，面接法，KJ法等があり，分析方法にはドキュメント分析，分散分析，事例研究等がある。

1． ×－◯－◯－◯
2． ◯－×－×－◯
3． ×－◯－◯－×
4． ×－×－◯－×
5． ×－◯－×－◯－×

＊＊＊＊＊＊＊＊＊＊＊＊＊＊＊＊＊＊＊＊＊＊＊＊＊

正解　　5

（1）精度が下がる。

（２）測定誤差は測定器具の影響（環境的原因）による誤差も含まれており，単に標本影響による誤差を生むという標本誤差と異なるが同様のことを言っている場合もある。
（３）社会心理学領域において行なわれている。
（５）分散分析は量的調査の分析。

＊本資料は，（前）帝京平成大学中田春菜及び上利はる菜の協力を得て作成されました。

> 一口メモ

オッズ比

何かが起こり得る程度（リスク）を示す指標であるオッズ比は，例えば，下記の表ならば，"運動をしない人"は"運動する人"の何倍不健康になり得るか倍率で表すもの（倍率ではなく単に比とする考えもある）。

			健康	不健康
A	C	運動有	60	40
B	D	運動無	10	90

オッズ＝ある事象の起こる確率／起こらない確率

"健康である程度"でいえば，表より運動有のオッズ＝0.6／0.4＝1.5，運動無のオッズ＝0.1／0.9＝0.111となる。オッズ比は，これらオッズの比を見るもの。

オッズ比＝運動有のオッズ／運動無のオッズ＝1.5／0.111＝13.5 となり，運動をしないことによる不健康となるリスクが13.5倍あるということ。これはある事象の起こる確率比／ある事象の起こらない確率比＝（A／C）／（B／D）と同じであり，AD／BCとなる（データセットはAは有有，Dは無無にする）。なおオッズが割合を示しているのでオッズ比は負の値をとらず，オッズ比は倍率を示しているので最大値は無限である。

引用・参考文献

◆1章

米川和雄（2009）．学校コーチング入門―スクールソーシャルワーカー・スクールカウンセラーのための予防的援助技術―　ナカニシヤ出版，p.36

◆2章

中央法規出版編集部（2012）．社会福祉用語辞典　中央法規

久保紘彰・副田あけみ（編）（2005）．ソーシャルワークの実践モデル―心理社会的アプローチからナラティブまで―　川島書店

Richmond, M. E. (1917). *Social diagnosis.* New York: Russell Sage.

Richmond, M. E. (1922). *What is social case work?: an introductory description.* New York: Russell Sage.

総務省（2010）．国税調査アラカルト http://www.stat.go.jp/data/kokusei/2010/kouhou/ala/index.htm

東京都（2011）．人口データ検索ガイドをもとに作成 http://www.toukei.metro.tokyo.jp/jsuikei/js-index5.htm

山村　豊（2010）．第6章　社会福祉調査統計法　米川和雄（編）スクールソーシャルワーク実習・演習テキスト　北大路書房

矢野　聡（2010）．第2章社会保障の歴史　社会福祉士養成講座編集委員会（編）社会保障　中央法規．pp.17-38.

◆3章

一般社団法人社会調査協会（2009）．http://jasr.or.jp/content/members/documents/rinrikitei.pdf

公益社団法人日本心理学会（2011）．倫理規定．37-49．http://www.psych.or.jp/publication/inst/rinri_kitei.pdf

内閣府（2011）．国民経済計算とは http://www.esri.cao.go.jp/jp/sna/contents/sna.html

内閣府（2012）．内閣府について組織図　http://www.cao.go.jp/about/doc/soshikizu.pdf

日本社会福祉士会（2005）．社会福祉士の倫理綱領　http://www.jacsw.or.jp/01_csw/05_rinrikoryo/

消費者庁（2009a）．個人情報の保護に関する法律 http://www.caa.go.jp/seikatsu/kojin/gai

you/index.html
消費者庁（2009b）．個人情報の保護に関する法律の概要　http://www.caa.go.jp/seikatsu/kojin/gaiyou/index.html
総務省（2007）．統計法　http://www.stat.go.jp/index/seido/houbun2n.htm
総務省（2019）．https://www.soumu.go.jp/toukei_toukatsu/index/seido/1-3k.htm

◆4章

中川純一（2008）．電話（RDD）調査の実践と課題―コールセンターにおける調査管理を中心に―　行動計量学，**35**（2），149-159．
佐藤　寧（2006）．電話（RDD）調査の課題　第87回行動計量シンポジウム　http://surveymethodology.web.fc2.com/docs/bsj061111_sato.pdf
外林大作・辻　正三・島津一夫・能見義博（2000）．誠信心理学辞典　誠心書房
山村　豊（2010）．第6章　社会福祉調査統計法　米川和雄（編）スクールソーシャルワーク実習・演習テキスト　北大路書房

◆5章

秋山薊二（2003）．社会構成主義とナラティヴ・アプローチ―ソーシャルワークの視点から―　関東学院大学人文科学研究所報，**27**，3-16．
高　泰洙（2011）．人間福祉学の研究方法としてのライフヒストリー法に関する一考察　四天王寺大学大学院研究論集，**6**，51-66．
南風原朝和（2004）　第5章　准実験と単一事例実験　南風原朝和・市川伸一・下山晴彦（編）心理学研究法入門―調査・実験から実践まで―　東京大学出版会
山村　豊（2010）．第6章　社会福祉調査統計法　米川和雄（編）スクールソーシャルワーク実習・演習テキスト　北大路書房
宮本和彦・梶原隆之・山村　豊（編）（2008）．社会福祉士シリーズ5 社会調査の基礎　弘文堂．p.151．
戈木グレイヒル滋子（2010）．グランデッドセオリーアプローチ（第5刷）　新曜社

◆6章

村上宣寛（2006）．心理尺度のつくり方　北大路書房
米川和雄・山﨑貞政（2010）．超初心者向けSPSS統計解析マニュアル―統計の基礎から多変量解析まで―　北大路書房

索引

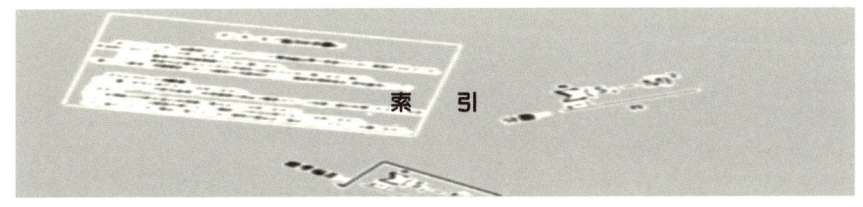

あ行

アクションリサーチ　46
アダムズ（Addams, J.）　11
アフターコーディング　58
イエステンデンシー　33
1サンプルのt検定　68
一対比較法　33
一般化最小二乗法（重み付き最小二乗法）　82
因子負荷量　81
因子分析　68
インフォームド・コンセント　23

A-B-Aデザイン　96
エスノグラフィー（民族誌）　46
エディティング　57
エリザベス救貧法　11
円グラフ　91
縁故法　42

横断調査　43
応募法（募集法）　42
オッズ比　72, 103
帯グラフ　91
オープン・コーディング　51
オルタナティブ・ストーリー　50
折れ線グラフ　90

か行

回帰分析　68
χ^2検定　68, 69

会話分析　47
確証的因子分析（検証的因子分析）　37, 84
各値　65
家計調査　17
加工統計　17
仮説検定　62
学校基本調査　17
学校保健統計　17
カテゴリー　52
カテゴリー化　54
カテゴリカル回帰分析　75
間隔尺度　32
観察法（観察による調査）　45
観測変数　80

基幹統計　15, 17
記述統計　59, 60
基準関連妥当性　37
帰無仮説　62
ギャラップ　41
キャリーオーバー効果　33

偶然法　42
グッドマンとクラスカルのγ（ガンマ）　72
グラウンデッド・セオリー・アプローチ　47
クラスター分析　85
クラメールのV係数　72
グループ・ダイナミックス　46
グレイザー（Glaser, B.）　51
クロス表　70

クロンバックの α 係数（内的整合性） 36

KJ法　47
系統抽出法　42
ケースワークの母　11
研究ノート　39
検証的因子分析 → 確証的因子分析
原著論文　39
ケンドールの τ_a（タウ）　72, 73

コアカテゴリー　55
交互作用　79
構成概念妥当性　37
厚生労働省　17
構造化面接　45
コーディング　57
国勢統計　15, 17
国民経済計算　15-17
コーホート分析　43

さ行

再検査法　35, 36
最小値　64
最大値　64
最頻値　63
最尤法　82
サブカテゴリー　55
残差　70
散布度　64
サンプリング　41
参与観察法　45
自記式（自形式）調査　43
軸足コーディング　54, 55
自然観察法　45
慈善組織協会（COS: Charity Organization Society）　10
実験的観察法（統制的観察法）　45
質問紙法　44

四分位数　64
『社会診断』　11
社会生活基本統計　17
社会調査協会　20
斜交回転（プロマックス回転が主流）　82
主因子法　82
重回帰分析　68
自由回答法　33
従属変数　74, 79
縦断調査　43
自由面接　45
主効果　79
主効果の検定　78
主成分分析　85
シュトラウス（Strauss, A.）　51
順位法　33
順序尺度　32
シングルケースデザイン　96
人口静態　9
人口静態統計　8
人口センサス（センサス，全数調査）　8, 16, 41
人口動態　9
人口動態調査　17
人口動態統計　8
信頼性　35
信頼性分析　36

推測統計（Inferential Statistics）　59, 60, 67
スノーボール法（雪だるま法）　42
スピアマンの ρ 係数　73

正規分布　61
折半法　35, 36
潜在因子　80
センサス → 人口センサス
全数調査 → 人口センサス
選択コーディング　55

選択法（多項選択法）　33
尖度　66

層化抽出法　42
相関分析　68
総務省　17
総務大臣　16
測定誤差　35
ソシオグラム　44
ソシオメトリックテスト　44

た行

第一種の過誤（type Ⅰ error）　63
第二種の過誤（type Ⅱ error）　63
代表値　63
対立仮説　62
他記式（他計式）調査　43
多段層化抽出法　42
多段抽出法　42
妥当性　36
ダブルバーレル質問　33
多変量分散分析　80
単純主効果　79
単純主効果検定　79
単純無作為抽出法　42

逐語記録　46
中央値　63
調整済みの標準化残差　71
直交回転（バリマックス回転が主流）　82

t 検定　68
ディメンション　51
データクリーニング　57
テキストマイニング　49
テストバッテリー　55
Tukey 多重比較　77
デンドグラム（ツリーダイアグラム）　85
電話調査　44

トインビー（Toynbee, A.）　11
トインビーホール　11
統計法　15
ドキュメント分析　47
独立変数　74
度数分布表　89
ドミナント・ストーリー　50
トライアンギュレーション　55
トランスクリプション　46

な行

内閣総理大臣　16
内閣府　17, 101
内容的妥当性　36
ナラティブ　50
ナラティブ分析　47
二項ロジスティック回帰分析　75, 76
日本社会福祉士会　22
日本心理学会　22
2 要因分散分析　68

は行

箱ひげ図　91
パス解析　84
パネル調査　43, 99
ハルハウス　11
ハワード（Howard, J.）　10
範囲　64
半構造化面接　45
判定抽出法　42
反復測定　78
反復測定の t 検定　68
反復測定の分散分析　68
ピアソンの積率相関係数（r）　73
非参与観察法　46
ヒストグラム　90

標準化残差　70
標準誤差（Standard Error: SE）　67
標準偏差　61, 64
評定法　33
標本　34
標本誤差　35
標本抽出（ランダムサンプリング）　41, 42
標本調査　41
比例尺度　32

ファイ（φ）係数　72
フィールドノーツ　46
フェイス・シート　94
ブース（Booth, C.）　10
プライバシー　20
プリコーディング　58
プロパティ　52
分散　64, 66
分散分析　68

平均値　63
偏差　65

棒グラフ　90
母集団　34, 39, 41
募集法　→　応募法
母数　39
Bonferroniの多重比較　78

ま行

マジックミラー　46
無作為抽出法（ランダムサンプリング）　42
名義尺度　32

面接法（面接調査）　45
モノグラフ　46
モレノ（Moreno, J. L.）　44
文部科学省　17

や行

有意確率　62
有意水準　62
有意抽出法　42
郵送調査　43
ユールのQ　72
雪だるま法　→　スノーボール法

ら行

ライフヒストリー分析　47
ラウントリー（Rowntree, B. S.）　10
ラベリング　53
乱数表　42

リッチモンド（Mary E. Richmond）　11
留置調査　44

ル・プレー（Le Play, P. G. F.）　10

レヴィン（Lewin, K.）　46
レーダーチャート　92

労働力調査　17
ロジスティック回帰分析　68

わ行

歪度　66
割当法　42
ワンウェイミラー　46

【著者紹介】

米川和雄（よねかわ・かずお）

早稲田大学教育学部教育学科教育学専攻
早稲田大学大学院政治学研究科公共経営専攻　公共経営修士（専門職）
特定非営利活動法人エンパワメント理事長
現　在　帝京平成大学現代ライフ学部人間文化学科　講師　博士（心理学）
　　　　（専門社会調査士，認定精神保健福祉士，公認心理師（福祉心理学））
〈主著・論文〉
超初心者向けSPSS統計解析マニュアル―統計の基礎から多変量解析まで―　北大路書房　2010年
スクールソーシャルワーク実践技術　北大路書房　2018年（再版）
精神障がい者のための就労支援―就労マナー・実践編―　へるす出版　2012年

ソーシャルワーカーのための
社会調査の基礎
――入門から社会福祉士国家試験対策まで

2013年4月20日　初版第1刷発行	定価はカバーに表示
2021年2月20日　初版第3刷発行	してあります

編著者　　米　川　和　雄
発行所　　㈱北大路書房

〒603-8303　京都市北区紫野十二坊町12-8
電　話　(075) 431-0361㈹
ＦＡＸ　(075) 431-9393
振　替　01050-4-2083

©2013
印刷・製本／創栄図書印刷㈱
検印省略　落丁・乱丁本はお取り替えいたします
ISBN978-4-7628-2799-0　Printed in Japan

・ JCOPY 〈㈳出版者著作権管理機構 委託出版物〉
本書の無断複写は著作権法上での例外を除き禁じられています。
複写される場合は，そのつど事前に，㈳出版者著作権管理機構
（電話 03-5244-5088,FAX 03-5244-5089,e-mail: info@jcopy.or.jp）
の許諾を得てください。